LA GUERRE SANS NOM

PATRICK ROTMAN et BERTRAND TAVERNIER

LA GUERRE SANS NOM

Les appelés d'Algérie
1954-1962

ÉDITIONS DU SEUIL
27, rue Jacob, Paris VIe

ISBN 2-02-014620-7

Préambule

A l'origine de ce livre, il y a un film *.

En novembre 1990, nous avons tourné dans la région de Grenoble des dizaines d'heures d'entretien avec des appelés ou des rappelés qui avaient « fait » la guerre d'Algérie. Puis, pendant une année, nous avons « monté » ces témoignages pour construire un film. Lorsque celui-ci a été achevé, nous nous sommes aperçus que, malgré sa longueur – près de quatre heures –, nous avions dû renoncer à des histoires, des récits.

Cet ouvrage rassemble donc l'ensemble du

* Le film est produit par GMT et Canal Plus. L'enquête préliminaire a été effectuée par Georges Mattéi ; l'image est due à Alain Choquart ; le son à Michel Tremois ; le montage est l'œuvre de Luce Grünenwaldt.

« matériel » que nous avions recueilli. Mais il n'est pas le simple script du film. Parce qu'il contient des éléments qui n'y sont pas, parce que l'ensemble a été travaillé, présenté pour faire un livre, précisément. Parce que la logique d'un livre n'est pas la même que celle d'un film – là où une image suffit, il faut parfois dix lignes d'explication.

La version cinéma diffère donc légèrement, dans la construction, dans la longueur des témoignages, de la version livre. Mais il s'agit bien des mêmes personnages, de la même histoire, des mêmes intentions.

On peut lire le livre sans voir le film ou voir le film sans lire le livre. On peut aussi faire les deux. Pour une fois, l'image et l'écrit sont complémentaires.

P.R. et B.T.

1

Un dimanche à la campagne

Au-dessus de la tribune, sur le mur lambrissé, la banderole pendouille un peu, mais l'inscription se lit sans efforts : *Anciens combattants d'Afrique du Nord, pour Égalité des droits, pensions à titre de guerre, retraites anticipées.* La salle, un gymnase moderne transformé pour ce dimanche de novembre en lieu de réunion, est froide et n'inspire pas de grands élans. D'ailleurs, l'assistance ne s'émeut guère, sauf quand par instants un des orateurs trouve les mots justes. Alors les applaudissements rompent la léthargie ambiante. Celui-ci par exemple, qui martèle le pupitre : « Considérés comme sujets non porteurs, les anciens combattants d'Afrique du Nord que nous sommes... » Des cris, des bravos couvrent la voix qui enfle : « ... dévalués par l'âge, plus suffisamment performants dans la vie économique, c'est pour nous le rebut. Nous allons grossir de jour en jour les bataillons des exclus de la société française... » Cette fois, l'assistance se dégèle, les applaudissements redoublent.

Dans le fond, là-bas, René Donazzolo, le visage sévère, opine. Huit jours plus tôt, cet homme de cinquante-cinq ans s'est effondré en larmes devant nous alors qu'il évoquait ses souvenirs d'Algérie. Comme lui, ils sont 300 ou 400 adhérents de la FNACA de l'Isère à assister au congrès départemental de leur association. La Fédération nationale des anciens combattants d'Algérie revendique 300 000 adhérents. La fédération de l'Isère, avec 10 000 cotisants, est une des plus nombreuses. Sur l'estrade, César Delbello a abandonné le blouson sport qu'il portait lors de nos rencontres pour un costume gris dans lequel sa forte corpulence semble engoncée. Il a reçu deux citations pour sa conduite héroïque chez les paras, l'une pour être allé chercher un fusil mitrailleur, l'autre pour quelque action qu'il a oubliée.

La cravate lui serre le cou, mais il montre, lui qui aime la plaisanterie, une attention qui n'est pas feinte aux propos du tribun : « A nous de savoir si les exclus que nous sommes auront le sursaut et le courage de défier, de gagner la dernière bataille, celle de l'honneur... » De la main, Bruno Enrietti, assis au bord de la travée, fait un petit signe de connivence. Lui, il est ouvrier. Dans la petite salle à manger de son modeste HLM, il nous a raconté, quelques jours plus tôt, ses vingt mois passés sur un piton de Kabylie.

Dans les travées, Bertrand Tavernier dirige l'équipe de tournage. Tout à l'heure, lorsque le président de séance a annoncé qu'on tournait un film pendant les débats du congrès, des applaudissements polis et quelques regards inquiets ont salué notre présence. L'œil dans l'objectif, le chef opérateur Alain Choquart remonte l'allée, avec la caméra fixée sur un chariot, et vient cadrer Michel Drevet. Maire d'une commune proche, il est là en voisin. Sa mine avenante – encore jeune – et sa mise soignée de cadre supérieur étonnent un peu au milieu de ce public modeste où les hommes semblent avoir vieilli avant l'âge. Mais trente ans auparavant, sur la frontière tunisienne, le treillis de Drevet n'avait rien à envier à ceux de ses camarades.

Au pupitre, le tonitruant orateur achève sa péroraison : « Sachez que les anciens d'Algérie ne laisseront pas subir à leurs enfants ce qu'ils subissent aujourd'hui : le mépris de ceux qui, toutes tendances confondues, à une certaine époque, ne connaissaient qu'une politique : faire la guerre... » Les battements de mains reprennent. Perdu dans l'assistance, Grégoire Alonso affiche un masque aussi douloureux que lorsque, voici quinze jours, il s'est délivré devant la caméra du récit de ses vingt-sept mois chez les paras. Ces mots de mépris, ce sentiment d'abandon il les a exprimés presque en ces termes.

Comme lui, ceux d'Algérie ont l'impression d'être une génération d'oubliés, d'exclus de l'Histoire. Les livres relatent les exploits des poilus de 14-18, évoquent les résistants sous l'occupation allemande. Les anciens combattants d'Algérie se morfondent dans un pesant oubli qu'ils ont eux-mêmes longtemps entretenu. L'amnésie a été longue : pendant trente ans, la guerre d'Algérie est restée enfouie dans les mémoires de ceux qui l'ont vécue. Des ouvrages, quelques films ont retracé les grands événements, rapporté les souvenirs des principaux acteurs, analysé les causes et décortiqué les conséquences. Mais bien peu se sont attachés à décrire les états d'âme et d'armes des appelés du contingent. La guerre à vingt ans. C'est précisément ce qu'avec Bertrand Tavernier nous avons voulu reconstituer. C'est la raison de notre présence insolite dans ce village à trente kilomètres de Grenoble. Ce dimanche maussade de novembre 1990 est le dernier jour du tournage.

Vers le fond de la salle, dans un renfoncement, Noël Trouilloud tient un stand où il vend médailles et breloques. Il atteint la soixantaine, il est petit, rond. Il a l'œil vif et rigolard. Drôle, il l'est lorsqu'il conte son rappel sous les drapeaux à l'automne 1956. Il était paysan quand il est parti. Plus tard, il sera infirmier à l'hôpital psychiatrique. Il nous a parlé avec émotion de ses anciens camarades d'Algérie qu'il a vus, pendant des années, arriver dans son service, choqués, traumatisés, parfois de manière irrémédiable. Chez certains d'entre eux, les symptômes de névrose se déclaraient cinq ou dix ans plus tard.

Dans les haut-parleurs, une voix crie : « Nous avons fait notre devoir en Algérie, nous attendons maintenant que le gouvernement fasse le sien... »

Ils avaient vingt ans, un peu plus parfois pour les sursitaires. Ils étaient deuxième classe ou officiers, ils ont combattu dans les Aurès ou le Constantinois, en Kabylie ou sur les frontières tunisienne et marocaine. Ils portaient le chapeau de brousse, le béret du para, la casquette du commando ou la galette des chasseurs alpins. Ils ont laissé une part de leur jeunesse sur les pitons isolés, dans les cantonnements, les ratissages. Ils ont eu peur au cours des gardes de nuit, quand les ombres devenaient inquiétantes, et encore plus dans les opérations quand pétait la mitraille. Beaucoup trop sont morts au fond d'un oued desséché, à la conquête d'une crête déchiquetée. Presque tous ont péri d'ennui, aussi.

Entre 1954 et 1962, 2,3 millions de jeunes Français ont traversé la Méditerranée, qui elle-même « traversait la France », selon l'expression consacrée, « comme la Seine traverse Paris ». Aujourd'hui encore, la guerre d'Algérie n'est pas une guerre, mais une simple opération de maintien de l'ordre. On recense pourtant 15 583 morts au combat, 7 917 hommes tués par accident, 200 000 blessés peut-être — leur nombre varie selon les sources. Sans compter ce qui ne se comptabilise pas : les souffrances morales, les traumatismes enfouis.

L'homme qui parle maintenant au micro appelle au vote sanction : « Nous sommes partis 3 millions en Algérie ; avec nos épouses, cela fait déjà 6 millions de voix... » César Delbello quitte la tribune et se dirige vers le bar. La caméra le suit. A la buvette, il retrouve son copain Gaston et lui serre la main avec effusion. Gaston était garde mobile autrefois ; en mai 1956, lors d'une manifestation violente à Grenoble, il a chargé mousqueton en l'air. En face, parmi les lanceurs de projectiles, se trouvait Delbello : « Lui, il faisait le service d'ordre ; moi je lui balançais des sacs de ciment sur la tête. On est sans rancune, on est bons amis depuis... On a été tous les deux en Algérie. » Gaston : « En principe, on se battait en France et on était copains là-bas. On faisait le même boulot, quoi ! » Ils trinquent.

Ces affrontements de la soirée du 18 mai 1956 sont restés inscrits dans l'histoire locale. Personne n'a oublié le train bloqué, les voies envahies, les aiguillages mis hors d'usage, les bagarres jusqu'à une heure avancée de la nuit. 2000 ou 3000 jeunes gens y ont participé, qui entendaient empêcher un train de rappelés de partir. Parmi les protestataires d'un soir, certains avaient déjà reçu leur feuille de route. Mais beaucoup, trop jeunes comme Delbello — dix-huit ans à l'époque —, y sont allés par solidarité. Ils sont partis dans les mois, les années qui suivirent. D'autres, enfin, ne se sentaient pas concernés ou bien étaient franchement contre. Bref, cette manifestation, la plus importante qui se soit déroulée en France à ce moment-là contre la guerre d'Algérie, a été à la fois un point de rencontre et un point de départ. C'est pour cette raison que nous avons choisi de tourner ce film à Grenoble. Il nous semblait intéressant de partir de cette unité de lieu et de temps pour dérouler les fils, suivre les personnages, parcourir leurs trajectoires et découvrir leurs destinées.

Le temps passe. Des hommes politiques locaux, des députés représentant les partis politiques viennent à tour de rôle glaner quelques voix et recevoir quelques insultes. Le socialiste, en particulier, puisque son mouvement est au gouvernement, a quelque peine à terminer son allocution. L'envoyé du Parti communiste, en revanche, n'hésite pas à caresser la salle dans le bon sens. Il s'exclame que les soldats, en Algérie, ont défendu la France. Que penseraient de tels élans les appelés communistes que nous avons rencontrés ? Qu'ils aient rompu avec le PCF, comme Gilbert Argelès, ou qu'ils lui soient restés fidèles, comme Étienne Boulanger.

Mais la lassitude gagne. La buvette s'emplit à mesure que la salle se vide. Autour de Delbello, un cercle s'est formé. On se retrouve, on se congratule, on boit et on raconte. Un ancien combattant évoque l'absence de femmes en Algérie. On sourit, vaguement gêné, mais Delbello prend ses camarades à témoin : « Quand on descendait en base arrière, les maisons closes étaient pour nous. C'est terminé. On est des hommes et puis c'est tout. Il fallait poser les armes à l'entrée... La savonnette et le gant de toilette... C'était pas euphorique. C'était 7 francs la passe, vraiment la passe. Pour le petit plaisir à côté, c'était un peu plus cher. A la sortie, on n'avait plus un rond... » Ses copains sourient.

La matinée est bien avancée. On vote des résolutions. Il est temps de lever la séance. A la tribune, les personnalités se lèvent. Nous nous précipitons pour interroger un colonel en tenue, représentant officiel du général qui commande la région militaire. Ce dernier, quelques jours plus tôt, nous a interdit de filmer à l'intérieur du mess du 6e bataillon de chasseurs alpins (BCA), basé à Grenoble. L'armée a été ainsi la seule institution à nous mettre des bâtons dans les roues.

Le colonel descend les marches de l'estrade.

« Mon colonel, on peut vous poser une ou deux questions ? »

L'officier surpris et méfiant découvre la caméra braquée sur lui.

« Sur quoi ?

— Qu'est-ce que vous pensez de la réalisation d'un film sur les événements d'Algérie ?

— Tout dépend comment il est fait et qui participe à sa réalisation.

— C'est un film construit à partir de témoignages d'appelés et de rappelés qui ont servi en Algérie.

— Pourquoi pas ?

— Comment expliquez-vous que le général ait refusé que l'on tourne au mess ?

— Je ne sais pas… Je ne peux pas vous dire. Mais pourquoi Grenoble ?

— Parce que tous les témoins sont de cette région. Un certain nombre d'entre eux, sous-lieutenants appelés devenus officiers de réserve, souhaitaient être interviewés au mess des officiers. Le général a refusé. Vous approuvez cette décision ?

— C'est un bâtiment militaire qui n'a rien à voir avec les événements auxquels vous faites allusion… Pourquoi le mess plus qu'ailleurs ?

— C'était le souhait de ces officiers. Pour eux, c'était important d'être filmés dans ce lieu.

Le colonel, mal à l'aise, regarde à gauche et à droite, consulte sa montre.

— Mais vous êtes monsieur… ?

— Rotman. Nous tournons un film sur les appelés d'Algérie avec Bertrand Tavernier, qui est là, derrière la caméra.

— Je ne peux pas vous répondre.

— D'une manière générale, vous pensez que c'est bien de parler de la guerre d'Algérie aujourd'hui ?

— Pourquoi pas ?

— Vous-même, vous avez servi en Algérie ?

— Oui, j'ai servi en Algérie.

— A quel moment ?

— Attendez... 56-58. J'étais appelé, d'ailleurs. Je faisais mon service. J'ai continué par la suite.

— Vous avez rempilé ?

— Exactement. »

Quelques mois plus tard, Marcel Ophüls, visionnant cette séquence sur la table de montage, conseillera de la couper, avec ce commentaire : « Dans un film, il ne faut jamais montrer ses échecs. Or le refus du général est un échec pour vous. »

Le colonel s'éloigne, soulagé. Pendant ce court échange, la salle s'est vidée. Les congressistes se dirigent vers le monument aux morts du village voisin. Il pleut des cordes. Tavernier cavale avec le cameraman pour rattraper la tête du cortège emmenée par une fanfare militaire. Le défilé s'étire sur une petite route en pleine campagne au son d'une *Madelon* qui a quelque difficulté à communiquer son entrain. Les anciens combattants sont trempés jusqu'aux os.

Devant le monument, la pluie redouble. Le preneur de son, un chapeau dégoulinant sur la tête, capte la sonnerie aux morts. Deux petites filles, à l'appel des disparus, crient : « Mort pour la France. »

25 000 jeunes Français sont tombés en Algérie. Sur les stèles, dans les bourgs, leur patronyme a été ajouté à la liste des tués de la Grande Guerre, aux victimes des combats de 1940-1945. Pourtant, la patrie qui manquait de reconnaissance a attendu 1974 pour attribuer à ceux d'Algérie un statut de combattant, qui, d'ailleurs, ne leur donne pas les mêmes droits qu'à leurs aînés. Puisque la guerre d'Algérie, simple opération de maintien de l'ordre sur un territoire qui était français, n'existe pas, on ne peut la commémorer. Aussi, la FNACA comme les autres associations attachent une grande importance à des cérémonies comme celle-ci. Ces organisations veulent faire accepter l'idée que les combattants d'Algérie représentent la troisième génération du feu.

Le premier jour du tournage, trois semaines plus

tôt, nous avions déjà filmé une cérémonie commémorative dans le petit village de Colombes. C'est un de nos témoins, Noël Trouilloud, qui nous y avait conduits. Un survivant de la Grande Guerre avait remis le drapeau de son régiment à un ancien d'Algérie. Cette transmission du « témoin » montre bien l'obsession de ceux qui veulent être reconnus comme les égaux des aînés.

Là encore, un vieillard, ancien poilu de 1918, dépose une gerbe. Mais la pluie se moque des symboles. Il est temps d'aller déjeuner.

Le banquet a été dressé dans une immense salle des sports. Des dizaines de tables s'alignent sous des nappes blanches. Les anciens d'Algérie prennent place, accompagnés de leurs épouses. On se regroupe par affinités, par « classe ». Dans le fond, Enrietti est face à Alonso. Noël Trouilloud s'installe également tandis que César Delbello semble prendre racine au bar, près de l'entrée. Il offre à boire et, selon son habitude, plaisante : « Les glaçons que vous avez dans vos verres, c'est moi qui les ai apportés. Et ça m'a coûté une cuite par soir parce que je les ai récupérés dans les cafés et que j'ai été obligé de faire mon devoir... » D'un geste, il montre qu'il a dû boire plus que de raison.

Comme Delbello, Drevet, Enrietti, Trouilloud, tous les anciens d'Algérie dont nous avons recueilli le témoignage sont originaires de Grenoble ou de sa région et y vivent encore. Nous voulions faire revivre la guerre au quotidien par ceux qui l'ont menée, raconter comment les jeunes Français appelés ou rappelés ont vécu la guerre sur le terrain. Plus de quarante témoins ont été interrogés. Certains d'entre eux étaient présents le 1er novembre 1954 ; d'autres ont vu l'ALN entrer dans Alger le 3 juillet 1962. Les uns ont servi dans les paras, comme Alonso ou Delbello ; d'autres, dans les chasseurs alpins. L'un a commandé un commando de chasse ; plusieurs ont servi dans le génie sur les barrages électrifiés des frontières, tel Drevet. Quelques-uns étaient isolés sur des pitons ; d'autres désœuvrés dans les cantonnements et les casernes. La plupart ont crapahuté.

Beaucoup ont éprouvé les horreurs de la guerre ; certains n'ont aperçu les maquisards FLN que de loin. Quelques-uns ont tout fait. Peu n'ont rien vu. Les uns ont pris goût à la guerre ; les autres l'ont difficilement supportée. Un a refusé de partir en Algérie.

Des gaullistes, des chrétiens, des communistes,

des sans-parti, des sans-opinion, des récalcitrants, des partisans de l'Algérie française, des bouffeurs de fells et des consciences malheureuses, des tortionnaires et des sympathisants du FLN, toutes les opinions se confrontent, s'opposent ou se confortent. Cet échantillon de l'Isère, dressé au fil des rencontres, par le jeu des relations, n'a aucune signification scientifique. Il ne prétend pas à une quelconque valeur statistique. Mais de ces dizaines d'heures d'entretiens qui ressemblaient souvent à une confession, voire à une auto-analyse, ressort un tableau sans doute fidèle de ce que fut la guerre des appelés.

Ces séances devant la caméra furent souvent douloureuses, entrecoupées de silences, de larmes. Des instants d'émotion où l'interviewer se sent de trop. A trois reprises, Bertrand Tavernier a dû ordonner au chef opérateur de couper. Mais tous ont voulu cette introspection, cette plongée dans une mémoire si longtemps refoulée. Sans tabou, les témoins abordent tous les thèmes : la peur, la solitude, l'épuisement, le combat, les ratissages, les interrogatoires, les exactions du FLN, la torture, les copains égorgés, l'abandon des harkis, les blessés achevés, les prisonniers abattus, les attentats de l'OAS. Peu à peu, ces voix multiples s'organisent, se complètent et tissent l'immense puzzle d'une guerre qui ne veut pas dire son nom. Pour ces jeunes gens, la guerre à vingt ans ne fut pas une succession de grands événements dont les épopées sont friandes, mais une suite sans fin de jours où ils connurent l'ennui, la fraternité des armes, la dureté des engagements. La guerre agit comme un révélateur où les sentiments humains, les comportements furent dépouillés à l'extrême, mis à nu. Sous le feu, on ne triche pas. La lâcheté et le courage, la volonté et l'abandon, tout est clair, défini.

16 heures. Les agapes se prolongent et l'atmosphère s'échauffe. Delbello a desserré sa cravate. Le pépé de la Première Guerre mondiale qui, ce matin, a déposé la gerbe est invité à venir chanter au micro. Il porte une cape, les décorations dégringolent sur sa poitrine et il arbore une moustache à la Clemenceau qui donne le sentiment qu'il vient de s'échapper d'un livre d'histoire. D'une voix forte pour son âge avancé, il entame « Sous le soleil brûlant de l'Algérie... ». L'assistance le soutient en tapant dans ses mains. Les serveurs apportent les desserts et des bouteilles, encore des bouteilles. Dans le haut-parleur, une voix non identifiée prévient : « Je vais demander dans un instant au club loisirs animation de commencer à faire dégourdir les jambes. »

L'orchestre attaque une valse. Les danseurs

gagnent la piste. Trouilloud a emprunté un chapeau melon et entraîne sa femme. Alonso tourbillonne aussi. Pour une fois, il sourit. Le jour tombe, le banquet annuel de la FNACA de l'Isère continue. Pendant une pause de l'orchestre, une femme entonne de sa place : « Quand les hommes vivront d'amour, il n'y aura plus de misère, les soldats seront troubadours, mais nous, nous serons morts, mon frère… » Un frisson fraternel parcourt la salle.

Quelques flonflons, une dernière valse. C'est l'heure des adieux. Déjà, autour des tables, se creusent des places vides. Delbello est toujours là ainsi que Trouilloud, infatigable danseur. Enrietti également. Et Alonso. Mais Drevet a disparu. A-t-il seulement assisté au banquet, lui qui nous avouait une semaine auparavant : « Avec mon fils qui a trente ans, nous n'avions jamais parlé de la guerre d'Algérie. Récemment, pour ce film, j'ai recherché de vieilles photos, et nous avons été amenés à en parler. J'ai eu l'impression de repartir en arrière sur un épisode de ma vie que j'avais, mais je ne saurais dire si c'est volontaire ou involontaire, que j'avais effacé de ma mémoire. Replonger dedans, cela m'a conduit à me demander : mais, au fait, c'était quoi, la guerre d'Algérie ? »…

La guerre d'Algérie ?

2

Feuilles de route

Jean Manin n'est pas du genre à fréquenter les banquets d'anciens combattants. Il a accompli son service militaire en Algérie avant le début des « événements ». Parti en mai 1953, il est envoyé à Batna, au cœur du massif des Aurès. Comme tous les jeunes métropolitains, il ignore à peu près tout des trois départements français d'outre-Méditerranée. L'Algérie semble en paix, et des appelés du contingent y effectuent leur temps sous les drapeaux comme d'autres sont envoyés dans un Maroc bien plus agité.

Jean Manin :

« J'avais demandé l'Afrique du Nord, je pensais profiter de mon service pour voir du pays. J'étais parti pour connaître un autre peuple, j'étais dans un milieu catholique, je militais à la JOC, et j'avais commencé à réfléchir un peu à la condition ouvrière. J'étais tourneur dans une filiale de Peugeot. J'habitais à Saint-Siméon-de-Bressieux dans l'Isère. Quand je suis arrivé là-bas, j'étais un peu perdu, j'avais regardé dans le dictionnaire, je ne savais pas où j'allais. On m'avait dit : c'est dans une forêt de cèdres !

Dans mon régiment, le 9e régiment de chasseurs d'Afrique, il y avait une compagnie de spahis, des musulmans donc. J'avais atterri à l'armurerie de Batna, et là on était censés réparer les armes de la place de Batna. L'adjudant avait des contacts avec les Arabes du coin qui apportaient leur fusil à réparer, des fusils de chasse qui ont dû servir plus tard. Avec nous travaillait un gendarme qui de temps en temps allait dans les Aurès courir après ceux qu'on appelait des " bandits ". Il y avait déjà un sentiment d'insécurité.

Au mois d'août 1954, le colonel nous avait fait faire une sortie dans les Aurès, et un soir, à la sortie d'Arris, on a reçu sur les camions une volée de pierres. C'était des jeunes Arabes qui nous criaient des slogans. »

Jean Manin rentre en France le 1er novembre. Il croit en avoir fini avec l'Algérie. De jeunes conscrits assurent la relève. L'un d'eux, avec lequel Manin a vécu pendant un mois, est l'une des premières victimes de la nuit de la Toussaint.

En effet, à 2 heures du matin, dans la nuit du 31 octobre au 1er novembre, un groupe de rebelles attaque la caserne de Batna. Deux soldats, Pierre Audat et Eugène Cochet, montent la garde devant la porte. Ils sont pris sous le feu. Ils n'ont pas le temps de riposter : ainsi que l'impose le règlement, les cartouches sont cousues à l'intérieur d'un sac.

Pierre Pessenti était, lui aussi, en Algérie quand éclate l'insurrection de la Toussaint :

« Le 1er novembre, je me trouvais dans les Aurès, à Khenchela, dans une petite caserne où l'on devait passer la nuit. A 1 heure du matin, on a été attaqués. La sentinelle qui se trouvait devant la caserne a été blessée grièvement. On l'a transporté dans la nuit à l'hôpital de Batna, mais il est mort deux jours après. Il se nommait Marquey ; c'est l'un des premiers morts de la guerre, car au même moment, à Batna, une autre batterie a été attaquée, et un autre homme a été tué : il s'appelait Cochet.

Je les connaissais tous les deux un peu, car nous étions ensemble en Allemagne ; je les avais côtoyés pendant mes classes au 12e régiment d'artillerie. »

En fait, l'attaque a lieu à 3 heures du matin. Pessenti oublie que le lieutenant Darnault, qui commande le peloton de spahis, est également tué à Khenchela. C'est le premier officier de carrière à tomber.

Pierre Pessenti :

« Cette nuit de la Toussaint, je m'en souviens bien. Ils avaient fait sauter le transfo et on ne voyait rien. On tirait des rafales par-dessus les murs de la caserne, mais qui partaient nulle part. Les attaquants balançaient des boîtes d'essence avec des chiffons qui déclenchaient de grandes flammes lorsqu'elles tombaient au sol. Tous les camions étaient alignés le long du mur, avec d'énormes réserves d'essence, et on essayait de les déplacer. »

C'est dans les Aurès que l'insurrection montre le plus de vigueur. A Oran, quelques incendies, des attaques ratées ; à Alger, des bombes artisanales ne causent que peu de dégâts. En revanche, dans le massif montagneux où les recrues du FLN étaient les plus nombreuses, les coups de main se multiplient. Outre Batna et Khenchela, la ville d'Arris est isolée pendant plusieurs heures. Le matin du 1er novembre, le car qui assure la ligne Arris-Biskra est intercepté par les rebelles, qui abattent un jeune instituteur de vingt-trois ans, Guy Monnerot. Au total, les coups de feu de la Toussaint provoquent la mort de huit personnes. Partout, dans la presse, dans les milieux officiels, dans l'armée, c'est la surprise.

Pierre Pessenti :

« Le lendemain, on a arrêté des suspects et il y a eu des représailles. Les gars acceptaient mal ces morts. Moi, j'étais comme eux. On avait de la peine et on ne comprenait pas pourquoi on nous avait tiré dessus. On nous avait dit : l'Algérie, c'est la France ; mais nous, on s'en foutait un peu. Jamais on n'aurait imaginé que c'était une guerre de huit ans qui commençait. J'ai un frère qui a six ans de moins que moi. Il y est allé lui aussi en Algérie. »

Comme beaucoup dans la région grenobloise, Pierre Pessenti est d'origine italienne. Ses parents sont issus d'un petit village de bûcherons de la région de Bergame, dans la montagne, et ils sont venus rejoindre d'autres Italiens qui travaillaient comme bûcherons en France, dans la Chartreuse ou le massif du Vercors. Pessenti est né en Italie, sa mère, qui n'avait pas dix-huit ans à sa naissance, y étant repartie pour accoucher. Quand elle a voulu repasser la frontière à Modane, on lui a interdit l'entrée du territoire français, car elle était mineure. Il a fallu que le père vienne les chercher. Pessenti a été naturalisé en même temps que ses parents lorsqu'il avait dix-huit ans. Il tenait à devenir français et à faire son régiment de même que ses copains de l'école de Saint-Égrève. Il voulait être comme les autres, sentant que l'intégration souhaitée passait par le service militaire. De quatorze à dix-huit ans, Pessenti a été bûcheron, puis il est devenu ouvrier chez Merlin-Gérin, à Grenoble. Plus tard, vers trente-cinq ans, il entrera en tant qu'ambulancier à l'hôpital psychiatrique de Saint-Égrève, dans la banlieue grenobloise. Aujourd'hui, à cinquante-sept ans, il est chef de garage dans ce même établissement.

Tandis que nous parlons devant son garage, il hèle un de ses copains, Locatelli, chauffeur d'ambulance, qui passe par là. Locatelli a fait l'Algérie, vingt-sept mois à la frontière tunisienne. Il n'est pas loquace : l'Algérie, il n'en parle jamais, même avec Pessenti. Il bredouille quelques mots où l'on comprend qu'il a perdu une partie de sa jeunesse, mais qu'il fallait y aller. Un type à vélo s'approche, freine. Lui aussi y était, confie Pessenti. Dès qu'il comprend qu'on parle de la guerre d'Algérie, le visage du cycliste se fige en une grimace douloureuse qui peu à peu se transforme en un rictus de haine. Tout en regardant fixement devant lui, il débite un chapelet d'horreurs sur ces Arabes qu'on n'a pas assez descendus. Il n'est plus là, dans la cour de l'hôpital, mais trente ans en arrière dans son uniforme de para. Pessenti me fait un signe discret de la main pour me signifier que l'homme est un peu dérangé. Le cycliste lâche une bordée d'injures, se promet de « s'en faire un » bientôt et repart.

Malheureusement, pendant cet échange, Choquart était en train de recharger la caméra et n'a pu tourner la scène. L'opération accomplie, Pessenti reprend son récit :

« Après la Toussaint, partout où l'on passait, on construisait des petits blockhaus. Les copains tués, ça marque ; ça m'aurait embêté d'être blessé ou de mourir là-bas. J'étais l'aîné de cinq enfants et je m'étais dit que je devais rentrer entier – surtout que j'étais chauffeur et que les chauffeurs, sur ces routes de montagne, sont un peu visés.

Avec les pieds-noirs, on discutait à Batna. Ils nous disaient : en 44-45, on est venus vous donner un coup de main, et là c'était normal de venir défendre le territoire français. Dans les pieds-noirs, il y avait de simples ouvriers et puis des riches et même des très riches. J'ai gardé une ferme pendant trois semaines, elle faisait quatre mille hectares. On acceptait assez mal de venir de France pour garder ces propriétés ; on gueulait la quille, on voulait rentrer. Mais les gradés qui revenaient d'Indo savaient nous prendre ; parfois, ils nous faisaient courir dans les bois en criant comme des Sioux. L'excitation venait et, quand on avait un blessé, on arrivait à avoir de la haine pour les Arabes. On disait : on va leur mettre une bastos.

Je suis revenu en permission au mois de février 1956. J'avais l'estomac en l'air, certainement à cause des rations. J'ai été hospitalisé à l'hôpital militaire de La Tronche et y suis resté deux mois. Là, j'ai entendu parler d'une manifestation des rappelés à Grenoble. Je me suis habillé en civil et je suis allé voir. J'ai vu des gars qui faisaient tomber une grue vers les grands boulevards et qui coulaient du ciment dans les aiguillages. J'étais militaire, je me suis pas trop approché. »

Cette manifestation violente, il faut s'y arrêter un moment.

vers les grands boulevards et qui coulaient du ciment dans les aiguillages. J'étais militaire, je ne suis pas trop approché. »

Cette manifestation violente, il faut s'y arrêter un moment.

3

Le train de 18 heures

Les élections législatives du 2 janvier 1956, marquées à la fois par la poussée poujadiste et la victoire du Front républicain, montrent l'approbation par les électeurs d'une politique de réformes et de négociations en Algérie. Mais le gouvernement constitué par le socialiste Guy Mollet, bousculé par les manifestations ultras du 6 février à Alger, donne la priorité au maintien de l'ordre. Le 12 mars, 455 députés votent les « pouvoirs spéciaux » demandés par le gouvernement. Ce scrutin permet à l'exécutif de prendre en Algérie, par décrets, toute mesure d'ordre administratif, politique, économique ou militaire. L'article 5, en particulier, précise que le gouvernement disposera des « pouvoirs les plus étendus pour prendre toute mesure exceptionnelle en vue du rétablissement de l'ordre ». Après un débat interne, le groupe communiste décide de voter les pouvoirs spéciaux afin de préserver l'unité de la gauche. Bien des militants désorientés ne comprendront pas ce blanc-seing donné à une politique répressive.

Dès le 12 avril, le Conseil des ministres adopte trois décrets qui autorisent le rappel des disponibles. Les jeunes gens des classes précédentes, ayant déjà accompli leur service militaire et rendus à la vie civile depuis dix-huit mois, sont rappelés sous les drapeaux.

Ces mesures provoquent un vaste mouvement de protestation ; dans de nombreuses villes, des trains sont bloqués par les manifestations des familles, souvent appuyées par le Parti communiste. Le 17 mai, par exemple, en gare du Mans, des jeunes gens s'opposent au départ d'un convoi de rappelés. Les CRS sont bombardés avec des briques. Des incidents de ce type, il s'en produit presque quotidiennement. La presse oublie de les mentionner, sauf quand la violence des affrontements autorise de gros titres. C'est le cas le 18 mai à Grenoble. Pierre Pessenti, sorti de son hôpital, n'est pas le seul témoin.

Ezio Goy est, lui aussi, d'origine italienne ; son père, un communiste, a fui le régime mussolinien. Par tradition familiale, il a commencé à militer aux Jeunesses communistes dans la banlieue de Grenoble, tout en jouant au football. Il travaille chez Merlin-Gérin et est l'un des organisateurs de cette manifestation grenobloise. Sur les lieux mêmes, près de la gare, trente-cinq ans plus tard, il raconte, ponctuant son récit de grands gestes du bras :

« On avait appris qu'un train de rappelés devait arriver en gare de Grenoble en début de soirée, le 18 mai, vers 18 h 30. C'est pour cela que le comité d'organisation avait appelé à un rassemblement devant la gare à ce moment-là. Mais, à l'heure dite, la place de la gare était bouclée par la police, et les manifestants ont reflué jusqu'à la barrière qui traversait le cours Berriat, à deux cents mètres de là. C'était l'heure où les salariés sortaient des usines. Je me trouvais près du portillon devant deux gendarmes mobiles, et l'un d'eux, juste devant moi, a balancé un grand coup de mousqueton sur la tête d'un ouvrier qui passait à vélo. Le sang a giclé. Cela m'a révolté et, avec un certain nombre de jeunes – j'avais vingt-quatre ans à l'époque –, on a envahi la voie ferrée. Un train qui venait de démarrer de la gare se dirigeait vers nous et il a stoppé devant les manifestants qui étaient sur la voie. A cet instant précis, un gros camion s'est immobilisé sur le passage à niveau. Est-il tombé en panne ? On n'en sait rien. Le train était bloqué juste devant le camion. Moi, je me trouvais là, et quelqu'un me crie : " Tire sur la manette ! " J'ai obéi avec plaisir : j'ai tiré la manette de pression, et le train a été définitivement immobilisé. Les échauffourées ont commencé, la police a chargé, les jeunes répondaient avec des cailloux. Les bagarres se sont poursuivies le long de la voie ferrée. Le nombre des manifestants grossissait jusqu'à atteindre 2000. Les CRS chargeaient au clairon, et un jeune manifestant qui était allé chercher un clairon sonnait la contre-charge. Les affrontements ont duré jusqu'à minuit. »

Ironie dont l'Histoire est coutumière : ce train de 18 h 30 que les jeunes bloquèrent sur les voies n'était pas un train de rappelés, mais l'omnibus quotidien Grenoble-Chambéry.

Un autre témoin privilégié de cette soirée n'était pas manifestant mais journaliste. Georges Avallet, localier, a rédigé à chaud l'article pour *Le Dauphiné libéré*. Aujourd'hui secrétaire de rédaction du même journal, devant une énorme rotative il complète le récit de Goy :

« J'étais jeune localier et j'avais appris qu'un rassemblement était prévu devant la gare. Les manifestants ont été refoulés au sud de la gare. Les incidents ont commencé au début de la nuit. Au départ, ce n'était pas violent, mais ils se sont échauffés assez vite. Il y avait une grue sur le chantier d'un immeuble en construction, et les manifestants ont réussi à la coucher sur la voie. On s'est aperçu également que l'aiguillage avait été bloqué par du ciment. Il y a eu une trentaine de blessés du côté de la police et une cinquantaine du côté des manifestants, dont cinq graves. C'était une manifestation organisée par le Parti communiste, mais je ne pense pas qu'il voulait aller aussi loin. Il a été débordé par des jeunes qui trouvaient très drôle dc lancer des pierres. »

En effet, ces jeunes gens étaient loin d'être tous communistes. Nous en avons retrouvé quelques-uns. Contrairement à Pierre Pessenti, qui achevait son service militaire, ils n'avaient pas encore reçu leur feuille de route. Dans les semaines, les mois, les années suivantes, ils partiront en Algérie, ceux qui gueulaient ce soir-là : « Paix en Algérie ! » Alain

Bœuf se retrouvera dans un commando de chasse ; César Delbello, un des bagarreurs, coiffera le béret rouge des paras ; Gilbert Argelès, l'instituteur communiste, rejoindra les chasseurs, tout comme Enrietti, l'ouvrier du bâtiment apolitique. Ils n'étaient pas concernés par les mesures de rappel comme Ezio Goy, l'homme qui tira la manette, mais ils étaient venus à la manifestation parce que leurs copains partaient et qu'ils sentaient que leur tour viendrait. Bientôt.

Un autre témoin, Séraphin Berthier, partisan de l'Algérie française, était également sur les lieux pour clamer ses convictions. Trop minoritaire, il a dû renoncer.

Cette chaude soirée grenobloise n'est pas une exception dans la région. A Voiron, à Bourgoin, à Beaurepaire, d'autres manifestants bloquèrent des trains. D'autres incidents plus violents éclatèrent. D'autres rappelés, le cœur en écharpe, partirent.

Noël Trouilloud était de ceux-là. A l'époque, il travaillait dans la ferme familiale, à Beaucroissant.

« J'ai fait mon régiment à Metz de novembre 1952 à février 1954 et, plus de deux ans après, le 25 mai 1956, j'ai été rappelé. J'ai refusé de partir. Je ne voulais pas y aller : il y avait du boulot à la ferme et on n'avait pas à se faire casser la gueule là-bas. Il fallait faire les foins, mon frère était encore à l'école et mon père était tout seul. Je n'ai jamais été engagé politiquement, je n'ai jamais appartenu à un parti politique, mais je suis allé manifester à Voiron, où les femmes se sont couchées sur la voie. Cinq ou six jours plus tard, les gendarmes sont venus me chercher et m'ont emmené au camp de Chambaran. Quinze jours après, nous sommes partis en Algérie. C'était le 15 juin. On devait prendre le train pour Marseille, mais, dans l'après-midi, des gars ont fait sauter les voies et la locomotive. Finalement, on nous a fait monter dans des camions, et les CRS nous ont suivis jusqu'à Marseille. L'état d'esprit chez les rappelés n'était pas tellement joli. D'ailleurs, un gars qui était avec moi dans ma chambrée a déserté. Il a laissé un message disant qu'il partait en URSS. »

Trouilloud rigole.

Jean Manin, l'ouvrier chrétien qui, juste avant la Toussaint 1954, réparait des fusils de chasse à l'armurerie de Batna, libéré le 1er novembre de ses obligations militaires, est rappelé lui aussi. Son récit recoupe celui du paysan Trouilloud :

« Dix-huit mois après mon retour, un jour, les

gendarmes sont venus à l'usine me chercher. J'avais discuté avec les copains de la CGT et de l'Action catholique. Je n'avais vraiment pas envie d'y aller. Je me suis posé la question et je me suis dit qu'il valait mieux être sur place avec les copains et aider à la prise de conscience. Avant notre départ, dans notre coin, il y a eu des actions dures, puisqu'on a fait sauter des voies à Beaurepaire.

Un copain qui travaillait avec moi à côté a été rappelé en même temps que moi. C'était mon plus proche ami. Il a été tué en Algérie. Dans tous les villages autour, on a eu des morts.

On nous a fait prendre le bateau à Port-Vendres, car il y avait beaucoup de manifestations à Marseille. On a embarqué dans un endroit désert. Jusqu'à l'embarquement, on a manifesté. Je me rappelle la prise d'armes dans la cour de la caserne ; les gars chantaient *Le Déserteur*, je ne connaissais pas encore ce chant à l'époque. L'hostilité des rappelés était totale. Lors de la prise d'armes, les gars refusaient de présenter les armes, j'étais de ceux-là ; d'autres montaient la crosse en l'air. On hurlait contre la guerre. C'était énorme. Les officiers ne disaient rien, ou plutôt je me souviens de l'un d'eux qui disait : “ Faut les laisser faire. Quand ils auront eu un des leurs tué, à ce moment-là ils se mettront à faire la guerre. " »

Les protestations contre le rappel se font rares. Le contingent part. La plupart de nos témoins, tels Jacques Bec, Robert André, Jean Bollon, Bernard Loiseau ou Michel Petrone, traverseront la Méditerranée les années suivantes sans états d'âme.

Petrone, par exemple :

« J'avais envie de partir, cela ne me déplaisait pas. C'était le côté aventure. Je voulais savoir ce que c'était. L'envie de faire l'armée comme tout bon Français. Sans être pour autant militariste. »

4

L'engrenage

En quelques semaines, par rappel du contingent et allongement du service national porté à vingt-sept mois, les effectifs militaires en Algérie sont multipliés par deux, passant de 200 000 à 400 000 hommes. Les rappelés, plus tard les appelés, débarquent sur une terre inconnue et plongent dans une guerre que rien ne les a préparés à affronter.

Jean Manin :

« A l'arrivée, on a vu un pays en guerre : des barbelés partout, des gens armés. On nous a regroupés dans un coin près de Tizi-Ouzou. On a passé là les premières nuits sous la tente. On était des milliers. La première nuit, un coup de feu a été tiré sur le campement. Affolement général. J'étais paniqué : si, dès la première nuit, on nous tirait dessus... Les sentinelles ont riposté. On avait l'impression d'une attaque généralisée. »

Cet « accueil » est-il une tactique habituelle du FLN ? Noël Trouilloud, en tout cas, a vécu la même expérience :

« A Marseille, on a embarqué et, le lendemain, on était à Alger. Là, on est partis dans des wagons à bestiaux pour Orléansville. On est arrivés à 3 heures de l'après-midi, il faisait une chaleur suffocante dans la gare. Ensuite, on nous a mis dans un champ de blé pour passer la nuit, près d'un petit village. On a monté les guitounes et, le même soir, on se faisait tirer dessus. C'était un avertissement pour nous dire qu'on n'avait pas grand-chose à faire là-bas. En plus, les munitions étaient cousues dans des sacs et, quand on s'est fait tirer dessus, on n'a pas pu riposter. Le lendemain, elles n'étaient plus cousues, les munitions, j'aime autant vous le dire... »

Jean Manin :

« Quand on est arrivés, le capitaine, rappelé comme nous, un marchand de moutarde de Dijon, nous a dit : “ On a six mois à passer en Algérie, mais ne vous inquiétez pas, on va se mettre à l'ombre et, s'ils ne viennent pas nous emmerder, nous, on restera tranquilles. " J'étais dans un petit village au-dessous de Fort-National. Le matin, on patrouillait et, l'après-midi, on flânait un peu dans le village. Des jeunes Arabes venaient discuter avec nous, on ne cachait pas notre hostilité à la guerre. Il y en a même un qui m'a passé *France-Observateur*. Je l'ai passé à mon tour à mon chef, un sergent engagé qui chantait *L'Auvergnat* de Brassens. Je m'étais dit : s'il chante Brassens, il ne doit pas être très militariste. Il m'a dit simplement : " Ce n'est pas très prudent de lire ça ici. " »

Ezio Goy, l'homme qui tira sur la manette de pression du train, est rappelé quelques jours après la manifestation du 18 mai 1956. Il avait été libéré de ses obligations militaires deux ans auparavant.

« Je pensais qu'il fallait y aller, que seule la lutte de l'opinion pouvait arrêter la guerre. Je discutais un peu dans la chambrée avec les rappelés. Ils en avaient rien à foutre de l'Algérie.

Peu de jours après mon arrivée en Algérie, j'ai vu revenir des camarades d'une opération ; j'ai passé quelques moments désagréables : certains disaient avoir violé des femmes. J'étais terriblement choqué et j'en ai parlé avec des copains. Je leur ai fait remarquer qu'il ne fallait pas s'étonner si, après, le FLN exerçait des représailles contre nous... que nous soyons pris pour cibles ou que nous subissions des mutilations. La crainte des mutilations revenait souvent dans nos conversations. »

Noël Trouilloud :

« Cela ne faisait pas longtemps que notre régiment était sur place quand des gars d'une compagnie sont tombés dans une embuscade. Les fells ont attaqué un convoi de camions. Ils ont tiré sur le chauffeur, le camion a versé dans le fossé. Les fellouzes sont arrivés et ils ont tué tout le monde ; ils ont ramassé les armes et ils sont repartis. Nous, nous sommes arrivés deux ou trois heures après : ils étaient tous morts, quatorze gars, ils avaient été achevés d'un coup de pétard dans la nuque. Ils sont morts tués comme des petits lapins. Après, les gars avaient de la rancœur, c'est un peu normal. Certains disaient : pourquoi faire des prisonniers ? D'ailleurs, j'ai été pris dans une embuscade où les fells ont été abattus tout de suite. Ils avaient balancé une grenade dans le half-track de tête. Dans l'accrochage, deux fells ont été faits prisonniers, mais des gars les ont descendus tout de suite. On n'a pas eu le temps de les faire parler, ceux-là. Je ne l'ai pas vu faire, mais on m'a raconté la scène. Trente-quatre ans plus tard, au cours d'un mariage, j'ai retrouvé un copain qui était dans la même compagnie, mais pas dans la même section. Il m'a dit : “ Je n'ai pas eu de pitié, ils nous avaient tiré dessus, le premier qui s'est rendu, au lieu de le faire prisonnier, je l'ai terminé. ” »

Le jour de la manifestation de Grenoble, le 18 mai 1956, un peu avant midi, une patrouille de 21 rappelés du 9e régiment d'infanterie coloniale, qui, pour la plupart, sont arrivés en Algérie depuis quelques jours seulement, tombe dans une embuscade près des gorges de Palestro. Il n'y aura qu'un seul survivant, le soldat Pierre Dumas. En France, l'émotion est immense ; d'un coup, on découvre que, là-bas, c'est bien la guerre, puisque des jeunes Français meurent. Des rappelés de surcroît et presque tous pères de famille. Palestro restera comme la plus célèbre embuscade de la guerre, qui en connaîtra beaucoup d'autres aussi sanglantes, aussi sauvages. De classes en classes, les soldats du contingent se transmettront le souvenir de Palestro, le symbole de ce qui peut arriver de pire : l'attaque surprise, l'impossibilité de se défendre, la mutilation ultérieure des cadavres. La hiérarchie militaire saura d'ailleurs utiliser ce traumatisme afin de vaincre les réticences.

Jean Manin :

« On nous a raconté, avec tous les détails, les appelés égorgés, émasculés ; certains officiers étaient là pour essayer de nous motiver contre le FLN, contre les terroristes – les fellagha, on les appelait. On a eu de la chance de ne pas avoir de tués dans notre compagnie. On n'a même pas eu beaucoup d'accrochages. On avait refusé de sortir à moins de deux sections parce qu'on savait que la tactique des officiers était de nous faire sortir par petits groupes de façon qu'on soit accrochés. On ne sortait jamais à moins de trente, si bien qu'on n'a jamais eu d'ennuis. On nous tirait dessus de temps en temps. »

Très tôt l'engrenage de la guerre se met en place : les rappelés, même réticents, basculent devant le spectacle de camarades tués : la loi de la guerre implique qu'à la terreur aveugle réponde la violence aveugle. Tout au long de ces récits, nous verrons se mettre en place le même mécanisme.

Comme le chrétien Manin ou l'apolitique Trouilloud, le communiste Goy, confronté à la guerre, en découvre les horreurs :

« Dans une opération, à laquelle participaient plusieurs unités et aussi l'aviation, nous avons ratissé tout un secteur et, dans notre marche, nous avons découvert des Algériens qui avaient été bombardés. Il y avait des morts, des blessés. J'ai même vu un cadavre qui avait été cloué contre un arbre par des balles de mitrailleuses. On a ramassé pêle-mêle les morts et les blessés qu'on chargeait dans les GMC. J'ai relevé un blessé et je l'ai un peu questionné. C'était un mineur de Saint-Étienne qui avait rejoint le FLN pour se battre contre l'armée française. Cela m'a troublé de me retrouver, moi, un ouvrier, face à un autre ouvrier. »

Brusqué par des questions directes, Goy ne cherche plus à masquer les contradictions de sa situation.

« Vous étiez parti en tant que communiste sous l'uniforme pour vous opposer à cette guerre. Aviez-vous le sentiment sur le terrain que vous pouviez vous y opposer ?

– Ce n'est pas une évidence de résister sous l'uniforme ; il était possible de discuter avec des copains.

— En opération, vous portiez le fusil comme les autres et, s'il le fallait, vous auriez tiré ?

— Ah, oui, évidemment. J'avais un revolver en permanence sur moi et, s'il avait fallu tirer, je l'aurais fait.

— C'était le divorce entre vos convictions et la réalité ?

— C'était aussi la sauvegarde de sa vie. On était dans une guerre, et cette guerre amenait à des positions inverses de celles qu'on défendait. Ce n'est pas facile de se dire qu'en face un gars veut vous descendre et de rester sans réagir. Il faut assurer sa défense. Et si j'avais vu un camarade mutilé, certainement j'aurais été amené à prendre des positions bellicistes.

Au retour, j'ai continué plus que jamais la lutte pour la paix en Algérie. Mes deux frères sont partis également en Algérie, en tant qu'appelés, ils ont fait vingt-sept mois. Le deuxième, il en a bavé, il est resté sur son piton. J'ai essayé une fois de le questionner sur ce qu'il avait vécu en Algérie. Rideau, il n'a rien dit.

— Avec votre frère depuis trente ans vous n'avez jamais parlé de la guerre d'Algérie à laquelle vous avez participé tous les deux ?

— C'est exact. »

Jean Manin :

« J'ai participé à une opération où étaient engagées plusieurs compagnies. On a encerclé des villages pour ramasser tous les hommes et les rassembler sur la place. J'étais près du commandant quand on a amené une mule sur laquelle avait été jeté en travers le corps d'un jeune Algérien. Le commandant a interrogé celui qui avait tiré. Le soldat expliquait : “ Il courait, j'ai fait des sommations et, comme il ne répondait pas, j'ai tiré. ” L'Algérien devait avoir seize ans. C'était la première fois que je voyais un mort d'aussi près. La mère est arrivée. C'était terrible le chagrin de cette mère qui hurlait. »

Manin s'interrompt, soupire. Raconter lui coûte, mais il poursuit :

« Au cours d'une de nos marches en forêt, un Algérien a surgi brusquement. Il ne fuyait pas, au contraire, il s'est approché de nous. Le sergent l'a apostrophé et on l'a ramené au campement, et un garde-chasse algérien l'a interrogé. A la suite de cet interrogatoire, notre compagnie a été envoyée de nuit encercler un village ; on a fait sortir les gens des maisons. L'Algérien interpellé était avec nous et il a indiqué une maison où, selon lui, il y avait des gens du FLN. Ces gens ont été ramenés au campement, et c'est là que s'est déroulé l'interrogatoire. Puis, on est allés dans un village, ils ont rassemblé tous les hommes, et ils ont sorti l'appareil, ce qu'on appelle la gégène. Des officiers et deux ou trois appelés se sont mis à torturer un suspect. La séance a duré un bon moment. On l'a pendu par les pieds. J'ai entendu le capitaine le menacer de le tuer s'il ne parlait pas. Toutes les femmes se mettaient à hurler. C'est un souvenir qui ne s'effacera jamais de ma mémoire. »

Manin s'interrompt. Des sanglots étouffent sa voix.

« Tous les prisonniers ont été ramenés au campement et, pendant deux mois, ils ont tous été torturés. Un jour que j'étais de garde, on m'a demandé d'aller chercher un prisonnier ; je l'ai trouvé par terre, dans son urine, déshabillé. La gégène était à côté. On entendait les cris jour et nuit. Quelle réaction avait-on ? Il faut du courage, il aurait fallu en avoir plus. Qu'est-ce qu'il aurait fallu faire ? Prendre un fusil ?

J'avais la chance d'être conscient. En patrouille, je me tenais toujours devant. Quand on arrivait dans les bois, les enfants couraient parce qu'ils avaient peur de nous. Il m'est arrivé plusieurs fois d'empêcher des tirs ; des copains allaient tirer, et je leur disais : “ Tu ne vois pas que ce sont des enfants ? ” Je me donne bonne conscience, car on n'a pas empêché la machine de guerre de faire ses ravages. Ceux qui m'ont envoyé là-bas m'ont rendu complice – complice des tortures, complice de la mort de nombreux Algériens –, et ça, je ne leur pardonnerai jamais, je ne leur pardonnerai jamais.

On a essayé de dire aux officiers que la torture, c'était inadmissible. Mais on était impuissants. Je me souviens qu'on a annoncé la visite du général qui commandait la région, et là ils ont libéré tous les prisonniers du jour au lendemain. Quand le général est passé devant moi – j'étais de garde ce jour-là –, je l'ai regardé dans les yeux et j'ai failli lui dire : mais mon général, on vient de relâcher des gens qui ont été torturés pendant des mois. Êtes-vous d'accord avec cela ? Je n'ai pas eu le courage de le dire. J'ai pas eu le courage, j'ai manqué de courage, j'ai été complice, oui, complice, et j'ai une plaie qui ne partira jamais.

Mon seul courage a été d'écrire, de le dire aux copains qui restaient en France, j'ai écrit à des copains catholiques en leur demandant d'utiliser mes lettres. »

Ces lettres rédigées d'une écriture fine et adressées à un ami prêtre ne mentent pas. En voici deux extraits :

Le 24 mai

... Pour les militaires déjà en place, voici ce que pensent 99 % : il faudrait tout raser : les Arabes, ce sont tous des incapables, des lâches, des fainéants, et ils sont tous fellagha la nuit ! Cette opinion est vite adoptée par nous, et maintenant, à longueur de journée, on se plaint de ne pouvoir fouiller tout le monde. Celui qui vous dit bonjour est suspect. Il n'y a plus de communistes. Il n'y a que des partisans de la répression, de tout bousiller. On voudrait passer sa rancœur sur les Arabes parce que personne ne comprend pourquoi le gouvernement nous envoie ici, parce que personne ne désirait venir, parce que tout le monde est venu. Parce qu'on en a marre. On voudrait pouvoir se servir de ce que l'on a entre les mains. On en veut à mort aux musulmans...

Le 13 septembre

... Depuis quelques jours, la haine fait de gros progrès dans notre secteur. A tel point que je suis persuadé que je n'aurais pas dû partir. Est-ce que cela aurait eu une portée ? Peut-être pas. En aurais-je eu le courage ? Peut-être pas ?...J'aurais en tout cas appris une chose. Les Allemands ne sont pas plus méchants que les Français, et il suffit d'un climat favorable pour que la haine passionnelle l'emporte... On dit que les musulmans vivent sous la terreur des rebelles. Un soir, nous étions postés sur les hauteurs qui dominent un village, dans la forêt. Nous entendions les enfants chanter, les hommes discuter, comme cela se passe dans tous les villages français. Le lendemain, nous devions descendre récupérer les trois quarts des hommes du village et, devant femme et enfants, un spécialiste pratiquait le téléphone pendant trois quarts d'heure pour arriver à trouver un fusil... Mollet déclare être fier de la pacification. J'ai honte de porter l'uniforme.

Je vous demande de prier, mon père, il y a des moments où c'est dur...

Comme Jean Manin, des rappelés chrétiens décident, à leur retour en France, de témoigner. Ils avaient fait la guerre, ils résolurent de la raconter. En février 1957, *Témoignage chrétien* publie le « Dossier Jean Muller », du nom d'un dirigeant du scoutisme français mort en Algérie. Ce carnet de route de la pacification décrit les méthodes utilisées par l'armée française. En mars 1957, sous l'égide d'intellectuels catholiques, paraît une brochure, *Les rappelés témoignent*, qui rassemble des récits accablants sur la torture. Reprenant ces dépositions, l'écrivain Pierre-Henri Simon publie à son tour *Contre la torture*. Dans certains cercles, dans la presse de gauche, le débat sur la torture est lancé. Il ne touche que peu de monde – l'immense majorité des rappelés, rentrés dans leurs foyers à la fin de l'année 1956, préférant se taire et oublier.

Noël Trouilloud, le paysan récalcitrant :

« Je suis rentré en France, le jour de la Sainte-Catherine, le 25 novembre 1956. On a débarqué à Marseille ; on devait être 4000 sur le bateau, la mer était mauvaise, et, dans les cales, ce n'était pas beau. Les CRS attendaient en bas de la passerelle, ils ne nous ont pas fait rendre notre paquetage. Je suis arrivé à la ferme, il était 2 heures du matin. Ma mère a ouvert la fenêtre, elle me regarde et elle me dit : “ Mais qu'est-ce que vous voulez, monsieur ? ” Puis, elle m'a reconnu. J'avais la barbe, j'étais maigre comme un clou ; dans le village, personne ne me reconnaissait, ils me traitaient de mendigot. Pendant trois semaines après, je n'arrivais pas à dormir dans un lit. On avait couché là-bas à même le sol, et, là, je me couchais par terre. Les premières nuits, je faisais des cauchemars, je me croyais encore là-bas. »

A l'automne 1956, les événements se bousculent. Le 22 octobre, l'avion dans lequel avaient pris place Ben Bella et les chefs historiques de la rébellion est arraisonné par la chasse française. Le lendemain, une immense manifestation dans les rues de Budapest vire à l'émeute contre le régime communiste.

Une semaine plus tard, l'armée soviétique intervient et écrase l'insurrection. Au même moment, les paras français et anglais sautent sur Port-Saïd. L'expédition de Suez est lancée. Contraints de se retirer sous la pression américaine, les militaires français verront dans ce repli une humiliation supplémentaire infligée par les « politiques ». Les stratèges considèrent en effet l'Égypte comme la base arrière du FLN.

A son retour, à la fin de l'année 1956, Manin, le militant chrétien, tente de mobiliser l'opinion.

« Les gens avaient continué à vivre ; il existait un décalage incroyable. Quand je racontais les scènes de torture, des amis ne le croyaient pas, ils me disaient : tu es influencé par la CGT, tu racontes des histoires. Même dans mon entreprise. J'ai eu l'occasion, à un congrès départemental de la CGT, de raconter que j'avais vu effectivement la torture. Même parmi les militants, tous n'étaient pas convaincus, ils se posaient des questions sur le FLN. Je demandais à tous de lutter contre cette guerre qui obligeait les jeunes à faire de telles choses. Comme c'était au moment de la Hongrie, j'ai lié les deux problèmes dans mon intervention en disant que ce n'était pas avec des tanks qu'on réglerait les problèmes en Hongrie. J'ai été applaudi parce que j'avais mêlé l'Algérie et la Hongrie, mais, dans la résolution finale, la Hongrie avait disparu. Je me suis abstenu. »

Ezio Goy :

« A l'époque, je justifiais l'intervention soviétique en Hongrie. Je pensais que tout cela était l'œuvre de la CIA. Je n'avais aucun doute. »

En 1991, Goy est toujours communiste.

5

Le prix d'une jambe

Camille Pivano tenait un restaurant avec sa femme avant d'être appelé en Algérie. Un restaurant populaire où les soldats en garnison à Grenoble venaient dîner pour pas cher. Le soir du 18 mai 1956, Mme Pivano a fait sortir ses clients par la porte de derrière parce que son établissement se trouvait à deux cents mètres à peine du lieu de la manifestation. Son mari, lui, était déjà parti depuis un mois.

Camille Pivano a subi une opération à la gorge qui rend sa voix difficilement audible. Pour cette raison, nous n'avons pas pu utiliser son témoignage dans le film. C'est dommage, car Pivano est drôle, son langage savoureux. Et, comme tous les Méridionaux, il parle avec les mains, qu'il a longues et fines :

« J'étais à Hussein-Dey, la banlieue proche d'Alger, dans un régiment du génie où j'exerçais les fonctions de comptable, puis de fourrier. J'étais donc un administratif, un planqué. Parce que moi, je ne suis pas un héros. Je n'aime pas les héros, je préfère un lâche vivant plutôt qu'un héros mort. Surtout, il faut être franc, je ne savais pas bien pourquoi j'étais là-bas. Défendre qui ? Défendre quoi ? Le patrimoine de certains Français que je ne connaissais pas et qui, en plus, se foutaient pas mal de moi. Donc, vous m'avez compris, je ne pensais qu'à une chose, ma femme et revenir à Grenoble.

Les pieds-noirs étaient un peu distants ; j'avais l'impression qu'on les gênait, qu'on perturbait leurs habitudes. Ils avaient besoin de nous parce qu'on était là pour les défendre, mais on les gênait parce qu'ils avaient l'habitude de commander. On nous avait dit en métropole que l'Algérie, c'était un département français ou plutôt trois départements. Quand je suis arrivé là-bas, je me suis dit : c'est la France. Et puis je me suis rendu compte que la monnaie n'était pas la même, que les cigarettes ne coûtaient pas le même prix, que l'essence était moins chère… bref, ce n'était pas la France, mais le pays des Algériens. »

A l'automne 1956, le FLN décide de porter la guerre dans les agglomérations, et en particulier dans Alger. Le 30 septembre, deux bombes placées au Milkbar et à la Cafétéria, deux cafés fréquentés, entraînent la mort de quatre personnes ; on relève 52 blessés, dont des enfants atrocement mutilés. Ce qu'on a appelé la « bataille d'Alger », et qui fut un engrenage meurtrier d'actions terroristes et de répression systématique, débute. Le 7 janvier, le pouvoir civil en la personne de Robert Lacoste, ministre résident, socialiste et ancien résistant, confie tous les pouvoirs de police au général Massu, qui commande la 10e division parachutiste. L'objectif est l'anéantissement de l'organisation FLN d'Alger dirigée par Yacef Saadi. Par le quadrillage, le fichage, la délation et la torture, les paras de Massu atteignent leur but en quelques semaines.

Camille Pivano :

« C'était l'époque de Massu ; j'ai participé indirectement parce qu'on nous faisait faire des patrouilles dans le quartier de Hussein-Dey, et, comme on était dans le génie, on nous employait pour déblayer les décombres après les explosions de bombes. Par exemple, lorsque l'armée a fait sauter la maison où s'était réfugié Yacef Saadi, c'est nous qui avions dégagé les décombres. Nous étions dans les petites ruelles de la Casbah avec des bourricots, on chargeait les gravats et on ramenait notre chargement jusqu'à un camion en bas. Cela a duré trois jours. On était protégés par les parachutistes.

Notre commandant de compagnie, un capitaine, était un spécialiste de l'action psychologique. Alors, on amenait des prisonniers pour les faire parler, de façon énergique, un peu poussée. Nous, nous n'avions pas le droit d'y assister. En tant que fourrier de la compagnie, il fallait que je fournisse du matériel, des couvertures pour recevoir « nos invités ». Je les voyais arriver, je les voyais repartir, complètement différents, certains un peu défigurés. Même des femmes qui avaient été martyrisées. En leur apportant les couvertures, je les voyais. Cela me remuait, je ne suis pas méchant. Martyriser, je n'étais pas d'accord. On avait souffert pendant la guerre avec les Allemands ; je n'aurais pas voulu qu'on dise que la France, c'était pareil. La guerre, ce n'est pas beau parce qu'on fait faire des choses à des gens qui n'ont pas envie de les faire, mais pris dans l'ambiance, par gloriole, ils se sentent supérieurs parce qu'ils ont une arme. C'est facile de faire le beau avec un revolver. Certains appelés que j'ai connus, ils auraient tué père et mère. Il y avait un petit groupe qui se chargeait de la sale besogne ; dans ce groupe, deux gars sortaient de prison, deux auraient peut-être dû y aller, et le cinquième était caporal, c'était un nostalgique d'Hitler. Tous des appelés.

A mon retour, j'étais content de retrouver mon restaurant. Chez moi, quand il y avait un client mécontent qui voulait commander, je le mettais dehors. Là-bas, en Algérie, j'ai eu l'impression que le client mécontent, c'était moi. »

Bruno Enrietti a débarqué à Alger à la fin du mois de mai 1957, alors que les paras de Massu avaient déjà enregistré d'importants succès :

« J'étais ouvrier, je travaillais dans le bâtiment. La plupart des appelés de mon régiment, le 121e RI, c'étaient des ouvriers ou des paysans. Les gars sont arrivés là-bas, ils avaient pris le train pour la première fois. Aller en Algérie, c'était le premier voyage – pour moi aussi d'ailleurs. Arrivés à Alger, on a voulu poser des perms, on partait le lendemain, on voulait faire un tour, mais on avait le trac, on savait qu'il y avait des attentats dans les rues, alors nous, jeunes troufions, on n'avait pas envie de se faire buter en prenant une perm. Enfin, on est sortis quand même et, le lendemain, on est montés dans le bled. »

Avec plusieurs jeunes de son quartier, Enrietti a participé à la manifestation contre le départ des rappelés en mai 1956. Ce n'est pas un militant, il n'est pas politisé, mais il y est allé pour voir et s'est bagarré comme les copains, parce qu'il était là et qu'il fallait faire quelque chose. L'Algérie, il n'était pas très chaud pour y aller. Qui, à vingt ans, a envie de faire la guerre ? Il est affecté au 121e RI, dans un poste isolé près du pont de Toghourt, en Kabylie.

Bruno Enrietti :

« Nous n'avions aucune distraction, on avait un petit foyer, on allait boire un coup, on avait la bière, sinon on jouait au ballon dans le camp. Quand on revenait d'opération, il arrivait qu'on prenne des cuites à la bière. On écoutait la radio, mais on écoutait surtout la musique, parce que la politique, à l'époque, on en avait jusque-là. On se faisait la cuisine nous-mêmes. En opération, quand on tombait sur des troupeaux, on récupérait en zone interdite des vaches, des moutons ou des poulets. Grâce à cela, on mangeait un peu correctement, car la tambouille de l'époque, c'était dégueulasse.

Quand on ne vaquait pas au camp, on participait aux patrouilles de nuit, aux embuscades ou aux opérations. Je me souviens, par exemple, qu'en août 1957 j'ai dormi trois fois dans mon lit au camp. Tout le reste du temps, on était en opération. On effectuait également des contrôles dans les villages. Le matin, on allait chercher des gars dans les mechtas pour leur faire faire des travaux au camp. On se mettait en position autour du village et on tirait quelques rafales sur les toits des mechtas. On voyait souvent des fellagha partir en courant, et les civils arrivaient pour le travail. Dans les villages, il fallait sortir les gens qui étaient là ; des gars les frappaient à coups de crosse, mais ce n'était pas très fréquent. Quand on était témoin de brutalités, on ne savait pas trop quoi dire. On essayait de les calmer. Parfois, on ramassait des suspects dans la nature et on les enfermait dans le blockhaus pour interrogatoire. Le 2e Bureau venait, et l'officier de renseignement menait l'interrogatoire. C'était musclé, je n'y ai jamais participé, mais la tabasse, les coups, la gégène, ça se pratiquait. A chaque fois qu'on tenait des gars importants, ils passaient à la gégène. Tout le monde s'en rendait compte, ça se savait, automatiquement. »

Serge Puygrenier, lui aussi, était au 121e RI au même moment que son copain Enrietti, qu'il a connu à l'armée et qu'il voit toujours. Ils habitent dans la commune de Saint-Martin-d'Hères qui jouxte Grenoble, à quelques centaines de mètres l'un de l'autre. Puygrenier a également gardé le pont de Toghourt, un point stratégique.

« La guerre d'Algérie, je n'avais pas envie d'y aller. J'étais plombier, je faisais du sanitaire et je suis arrivé avec cinq jours de retard au 13e BCA, à Chambéry ; puis je suis parti là-bas. On a fait la traversée sur le *Pasteur*, qui est un gros transport de troupes. Lorsqu'on est arrivés, on était un peu surpris, on nous a donné des fusils Lebel, des fusils de la guerre de 14. Et puis on s'est retrouvés dans le massif du Djurdjura, sur un piton. On contrôlait la route de Tizi-Ouzou. Là, on était carrément isolés, on vivait comme ça. Une fois par semaine, on descendait chercher du ravitaillement à Ouzou. On vivait entre nous et on faisait des tours de garde. Le plus angoissant, c'était la nuit. On avait peur parce qu'on entendait des bruits ; des chacals grimpaient sur les ordures, on entendait des bruits de boîtes, et cela m'est arrivé de tirailler au hasard. C'était l'angoisse aussi de ne pas savoir si on allait rester longtemps à ce poste ou si on allait être affecté à un endroit plus dangereux. »

Bruno Enrietti :

« Il n'y avait pas huit jours qu'on était sur ce piton, et on est partis en opération, ma première opération en pleine nuit. Les camions nous ont emmenés à pied d'œuvre par la piste et nous ont laissés. C'était une nuit noire, archi-noire ; nous on était bleus, pas encore rodés. On est descendus dans des oueds, on a traversé des villages, on a entendu des coups de feu et puis on est entrés dans un village, et il faisait tellement noir qu'on se tenait par la main. On ne voyait pas où on mettait les pieds. Je distinguais vaguement que les gars devant moi évitaient une espèce de truc blanc qui était par terre. Lorsque je suis arrivé dessus, j'ai cru que c'était un carton ou un papier, je suis monté dessus pour ne pas faire un écart. C'était un gars qui avait été tué par le FLN dans la nuit. Il était allongé là, à moitié à poil sur la piste. Quand je me suis rendu compte que je dansais sur un corps… Faites-moi confiance, cela travaille les tripes.

J'ai eu peur souvent. Je me souviens, une fois où je montais la garde, c'était entre minuit et 2 heures du matin, je me trouvais en dessous du blockhaus, près des barbelés et, soudain, je vois une tête qui dépasse à l'angle du blockhaus. J'ai fait clic clac, j'ai tiré la culasse en arrière, j'ai armé et j'ai attendu que cela bouge. Cela a duré un moment et je voyais cette tête dépasser. Je croyais que c'était des gars qui cherchaient à s'infiltrer. Mais je n'ai pas tiré, j'ai gardé mon sang-froid. Et puis, au bout d'un moment, la tête a bougé et j'ai vu que c'était une chèvre. Il faut dire qu'à la compagnie on avait deux mascottes, deux chèvres, on les appelait Gina et Sophia. »

En 1957, Gina Lollobrigida et Sophia Loren crèvent les écrans transalpins. Enrietti fouille dans un tas de photos et brandit celles des deux mascottes avant de reprendre le récit de cette nuit d'angoisse.

« En fait, cette nuit-là aurait pu être dramatique, mais pas à cause de Gina. Nous avions avec nous un rallié du FLN qui s'appelait Ahmed et que nous appelions Albert. Il était le planton du capitaine. Ce gars-là voulait inciter toute une section d'Algériens à déserter, à bousiller les sentinelles et à partir avec les armes. On ne l'a su que le lendemain, mais cela m'a fait froid dans le dos. Heureusement, le capitaine avait eu des renseignements, et Albert avait été arrêté avant. Le coup était prévu pour la même nuit, la nuit de Gina. »

Des photos, Puygrenier en a gardé un plein album. Un des appelés de sa section était photographe amateur et il n'a cessé de « mitrailler » ses copains, qui se prêtent au jeu : ils posent, ils se déguisent, ils se mettent en scène – ils miment une embuscade, habillés en fellagha, ou ils reconstituent une séance de torture. Avec trente ans de moins, Puygrenier est aisément identifiable, portant tour à tour le béret ou le chapeau de brousse, singeant les attitudes d'Humphrey Bogart dans *African Queen*. Ce qui frappe surtout, c'est l'extrême jeunesse des visages. Certains clichés montrent des chenapans encore adolescents qui semblent s'amuser de leurs facéties. Fausse impression sans doute.

Serge Puygrenier :

« Sur ce piton, on s'ennuyait beaucoup ; on écoutait la radio, les chansons à la mode. Je me souviens de Gloria Lasso, c'était mon béguin à l'époque. Un collègue faisait de la photo. On allait chercher l'eau à la source, on avait droit à un casque d'eau par jour ; avec cela, on se lavait la figure, les fesses, les chaussettes. De temps en temps, on chassait le sanglier ; chaque fois qu'on pouvait avoir de la viande fraîche, on ne manquait pas l'occasion, cela améliorait les fayots et les conserves. »

Il montre des photos où il est à califourchon sur un énorme sanglier.

« J'écrivais pratiquement tous les jours à ma femme. Je me suis marié le 3 juillet 1956, j'étais militaire depuis le 5 mai et, en septembre, j'étais en Algérie. J'écrivais quotidiennement, mais les lettres ne partaient pas tous les jours ; ma femme recevait des lettres par paquets de quatre ou cinq. Et elle, elle faisait pareil. »

Au dos d'un plan qui représente son poste, Puygrenier a jeté une nuit de garde quelques mots sur le papier pour sa Juliette :

> Je suis sur le mirador, il est 4 heures et demie. Et je viens de te dessiner, en gros, la caricature du paysage que l'on domine. Une partie seulement. De l'autre côté, il n'y a que des montagnes. Ma chérie, si tu savais les heures que je passe à regarder cette section de pays. Je suis écœuré. Je pense à toi. J'écris, je dessine. Je rêve et je regarde le soleil qui se couche. Tiens je vais te mettre l'endroit où il disparaît. Mon amour, je t'embrasse bien fort. Jamais de ma vie je n'ai passé d'aussi longues heures à attendre. Une année passe si vite quand nous sommes tous les deux. Il est 5 heures et le jour se lève.

Serge Puygrenier :

« Je ne voulais pas inquiéter ma femme, je la tranquillisais. Tant qu'on était sur ce piton, ce n'était pas trop angoissant. On avait un peu des nouvelles par les convois qui passaient le pont. J'ai appris plus tard qu'un de mes beaux-frères, également militaire, passait sur ce pont que je gardais. A cette époque, au début, j'ai vu mon premier mort : c'était un gars qui avait été exécuté par le FLN. Il avait un sac sur la tête, on l'a trouvé un matin comme ça dans un fossé, un sac sur la tête attaché avec du fil de fer et puis une balle dans la tête. On ne savait pas pourquoi il avait été abattu. »

Bruno Enrietti :

« On recevait des lettres, mais, dans les lettres que je recevais, il n'y avait jamais rien d'important. Comme moi, quand j'écrivais à mes parents ou à ma femme, je ne mettais jamais ce qui se passait, pour ne pas les inquiéter. Je disais que ça allait, que tout sc passait bien, et puis c'était tout. Tant qu'on était entier, c'était l'essentiel. On les rassurait, mais ils n'étaient pas tellement dupes. Il s'est produit un incident que je vais vous raconter. On est tombés en opération sur un charnier : onze gars, des civils qui avaient été égorgés par le FLN. La puanteur était insupportable. Je ne l'ai pas mis dans ma lettre suivante. Seulement, dans le journal, cela avait été signalé et mes parents m'ont répondu : “ Comment !

il se passe des choses dans ton secteur et tu ne dis rien ? " C'était RAS en effet. Rien à signaler. »

Après six mois passés sur son piton au pont de Toghourt, Serge Puygrenier est muté avec sa section dans un village près de Fort-National, toujours en Kabylie. Là, il effectue moins de tours de garde et davantage d'opérations.

« On sortait souvent. Pas tous les jours, mais souvent. On faisait des opérations de ratissage, de fouille, dans la chaîne du Djurdjura. On marchait beaucoup à pied, on crapahutait parce que les routes étaient coupées. On partait souvent la nuit, on faisait des marches d'approche, vingt ou trente kilomètres comme cela. Parfois, on ramassait des prisonniers. J'en ai vu une quinzaine une fois qui sortaient d'une grotte. Je ne sais pas avec quoi on avait attaqué la grotte. Ils étaient tout noirs avec une espèce de phosphore sur les crosses du fusil. On rigolait parce que, parmi eux, se tenait un barbu et on s'amusait : tiens, on ne voit plus le barbu... Il était tout noir. On était un peu surpris de voir des fellagha parce qu'on n'en voyait pas beaucoup. On en parlait beaucoup, mais on en voyait peu. »

Guerre de guérilla, la guerre d'Algérie est aussi une guerre souterraine. Dans les massifs montagneux, le FLN utilise les grottes comme caches. Les rebelles s'enterrent dans des trous, dans les mines abandonnées, les carrières. La recherche de ces caches, souvent dangereuse, constitue une part importante du travail des unités engagées dans ces régions au relief tourmenté.

Serge Puygrenier :

« Une fois, on s'est retrouvés devant une grotte. J'ai vu une djellaba qui était à quelques mètres de moi avec un revolver posé dessus. C'était une sorte de piège. Quand j'ai mis le pied dessus, j'ai dégringolé d'une dizaine de mètres dans un trou. Comme des fellagha tenaient d'autres grottes, l'aviation est intervenue. J'étais dans ma grotte et les avions me tiraient dessus. J'ai vraiment eu peur. Ils tiraient des roquettes et je les voyais partir de loin et je me disais : il y en a une pour moi. Eh bien non, elle tapait à côté. En général, nous n'avons pas eu beaucoup de pertes, d'autres compagnies étaient plus exposées que nous. Mais des accidents arrivaient. Des accidents par imprudence. J'en ai eu un moi-même en nettoyant mes armes. Le pistolet faisait le tour des gars, et l'un d'eux a mis une balle dans le canon. Moi, je n'ai pas fait attention. Quand on m'a passé l'arme, j'ai appuyé, et je me suis mis une balle dans la cuisse. Les gendarmes croyaient que je l'avais fait exprès pour avoir une permission. Je suis parti en convalescence pendant un mois. »

Bruno Enrietti :

« Il y avait beaucoup d'accidents chez les appelés. Et aussi beaucoup de tentatives de suicide. Dans ma compagnie, j'ai connu un gars qui, pendant une garde de nuit, s'est flingué... enfin, il s'est filé une balle dans l'épaule. Est-ce qu'il voulait vraiment se faire sauter ou avoir une perm ? Il est passé au falot, au tribunal militaire. »

Enrietti et Puygrenier n'étaient pas dans la même compagnie, mais, appartenant au même régiment, il arrivait qu'ils participent aux mêmes opérations. Celle-là, ils s'en souviennent parfaitement l'un et l'autre. Et pour cause. Côte à côte dans la salle à manger d'Enrietti, trente-quatre ans après les faits, ils racontent en duo, comme si ces événements dataient de la veille.

Bruno Enrietti :

« C'était une opération menée par tout le régiment, avec ma compagnie, la première, et la deuxième, celle de Serge. On descendait en ratissage au fond d'un oued. »

Il se tourne vers son ami :

« Tu m'arrêtes, si je me trompe.

– Non, non, jusque-là, c'est bon. »

Enrietti poursuit :

« Au fond de l'oued s'étendait un espace à découvert et, quand on est arrivés là, ça a craqué pendant un moment. Les fells étaient planqués derrière des rochers et, en se retirant, ils ont laissé du matériel, des chargeurs, des cartouches. Les gars nous insultaient, tu te souviens ?

– Ouais, ouais, mais moi, je me rappelle que j'étais sur le côté.

– Tu étais sur la pente et nous au fond. Et ils nous insultaient : Sales Français ! Ils nous traitaient de tous les noms d'oiseaux. Ils voulaient nous impressionner. Ça a canardé pendant un moment et ça s'est calmé. Serge, lui, est descendu à découvert, c'est l'imprudence que tu as faite, hein ? »

Serge Puygrenier :

« Nous étions cinq à l'écart et on a reçu l'ordre de repli. Nous étions cinq isolés, les derniers, et là s'est déclenché un tir croisé de fusils mitrailleurs. Ils ne devaient pas être loin, parce qu'on les entendait de près. J'avais fait l'école de sous-officiers, j'étais caporal et, quand j'ai entendu le tir, je me suis tout de suite séparé du groupe en me disant : ils vont tirer sur le groupe et pas sur moi. Là, j'ai tapé à côté, parce que le scénario, ce n'était pas du tout cela. Le tireur m'a pris et il ne m'a plus lâché. Je l'entendais de très près. Les impacts étaient serrés, je les voyais par terre qui approchaient. Je sentais que je n'allais pas courir bien longtemps. Effectivement, j'ai été pris dans la rafale, j'ai été foudroyé. J'avais l'impression que je m'enfonçais dans un trou. J'ai déboulé, j'ai roulé et je me suis calé derrière un arbre. J'étais derrière un olivier, et les balles faisaient voler des petits copeaux. Je voyais que le gars était en train de rectifier son tir. J'ai compris qu'il fallait que je foute le camp. J'ai relâché et je me suis mis à rouler une deuxième fois pendant vingt mètres à peu près. Et là, j'ai entendu rire, j'ai entendu parler arabe. J'ai levé les yeux : il y avait deux Algériens à vingt mètres de moi. Je ne voyais que le haut du corps. L'un était en kaki et tirait, l'autre était en noir. Et là, j'ai fait le mort pendant une heure et demie. J'étais en train de me vider. Quand je roulais, j'avais senti ma jambe qui me tapait de partout, elle était broyée. J'ai dû perdre connaissance.

Plus tard, j'ai senti qu'on me tirait par les cheveux, cela m'a réveillé, j'ai vu une mitraillette qui se baladait sous mon nez et j'ai entendu : " T'es un fell ? " J'ai hurlé : " T'es dingue ou quoi, je suis de la quatre. " Le gars était de la 4e compagnie, la même que la mienne, et il ne me reconnaissait pas. Je devais avoir la figure pleine de sang et de terre. »

Bruno Enrietti :

« Quand le tir s'est calmé, on a foncé. Serge, il avait la patte en l'air ; trois ou quatre gars l'ont pris pour le remonter, et nous, on est restés en couverture. A ce moment-là, le PC a donné l'ordre de balancer des pots fumigènes pour signaler à l'aviation où il fallait bombarder. C'est à ce moment-là, si tu te souviens bien, qu'on a pris les pots fumigènes sur la gueule.

— Maintenant que tu parles des pots fumigènes, oui, oui.

— Tu te souviens ?

— Maintenant que tu parles des pots.

— C'est à ce moment-là qu'on t'a tiré très vite pour ne pas être pris sous la mitraille de l'aviation. »

Serge Puygrenier :

« Je ne savais pas si j'allais m'en sortir. Les collègues m'ont monté là-haut. Ils ont mis une heure et demie à me monter. Ils ont empêché l'hélicoptère de partir – il voulait rentrer avant la nuit. Heureusement, ils l'ont retenu, parce que je ne serais pas là aujourd'hui. Et puis on m'a emmené à l'hôpital de Tizi-Ouzou. J'avais la jambe broyée sur dix-sept centimètres, ils ont fini de me la sectionner : j'ai été amputé et je me suis retrouvé avec une jambe en moins. Ensuite, j'ai été transféré à l'hôpital militaire de Dechnet. Là, j'étais dans une petite chaise et, quand ma femme est arrivée, j'avais envie de me balancer par la fenêtre. »

Par la fenêtre de l'appartement de Puygrenier, du haut de ce huitième étage, la vue sur Grenoble et les environs porte loin. Là-bas, la sérénité des sommets enneigés contraste avec le vacarme qui monte du boulevard juste en dessous. Ils sont l'un à côté de l'autre, Juliette et Serge Puygrenier, sur le canapé vert devant la baie vitrée.

Juliette Puygrenier :

« Personne n'a osé me le dire, et puis j'ouvre le journal et je vois un article : “ Il part, il a vingt ans, et il revient avec une jambe en moins. ” Il n'y avait pas de nom, juste l'initiale P, et, d'un seul coup, je me suis dit : c'est lui... Quand je l'entends parler comme cela, les souvenirs reviennent, c'est dur. »

Elle s'interrompt, s'essuie les yeux. Le silence s'installe. Je m'adresse à Puygrenier :

« Et vous, vous ne vouliez pas écrire à votre femme que vous aviez été blessé ?

— Ben... Quand c'est arrivé, on a dû l'avertir, hein... Moi, je ne voulais pas non plus l'inquiéter... je vous l'ai dit. Moi, quand je l'ai vue arriver, je voulais me filer par la fenêtre... »

Serge Puygrenier, si calme jusqu'à présent, qui a raconté les circonstances de sa blessure avec une précision dénuée de toute émotion, comme s'il parlait d'un autre, d'un double, d'un jeune homme qu'il a connu autrefois, s'emporte soudain. La souffrance contenue depuis si longtemps affleure.

« Je n'en parle jamais, jamais. On me voit comme cela, habillé avec un pantalon, on croit que je vis comme tout le monde. Ce n'est pas vrai ; c'est un boulet. Quand je suis à la plage, je ne peux pas aller me baigner, sinon je me traîne comme un crabe sur le sable. J'étais agent commercial, et puis la boîte a fermé dernièrement, je me suis retrouvé sans boulot à cinquante-cinq ans et, pour retrouver du travail avec une jambe artificielle, ce n'est pas facile. Personne ne veut de moi. Je vais me trouver une place de gardien dans une usine la nuit avec un talkie-walkie, voilà comment ça va se terminer. La rafale m'aurait coupé les deux jambes que ça n'aurait pas fait avancer ma retraite de quinze jours. Même invalide à 100 %, vous ne gagnez pas un jour. »

Pensionné à 100 %, Serge Puygrenier touche environ 3 500 francs par mois. Le prix d'une jambe. C'est une pension hors guerre, car la guerre d'Algérie n'est toujours officiellement qu'une opération de police, même si la loi du 9 décembre 1974 a reconnu aux soldats ayant combattu en Algérie la qualité de combattants. Les associations d'anciens d'Algérie réclament que cette guerre soit reconnue afin que les pensions soient alignées sur celles des autres conflits. Ils réclament également que les chômeurs en fin de droits de plus de cinquante-cinq ans aient le droit à la retraite.

Serge Puygrenier :

« Si j'avais écouté mon capitaine, qui était venu me voir à l'hôpital avec une bouteille de champagne, je serais à la pêche depuis longtemps. Il m'avait proposé de rester dans l'armée à un poste administratif. Aujourd'hui, je serais tranquille. Les anciens d'Algérie, ça fait rigoler, ça fait encore plus rigoler que lorsqu'on parlait des poilus de 14-18. »

Juliette Puygrenier :

« Pour nous, la guerre d'Algérie, c'est tous les jours. Moi aussi, je vis avec une jambe en moins. »

Serge Puygrenier :

« On est deux handicapés, qu'on le veuille ou non. Mon gosse, j'ai toujours dit : s'il y a une autre guerre, je le cacherai dans une cave, j'irai le nourrir, mais il ne la fera pas. Je suis contre la guerre, contre toutes les guerres... »

6

Chef de bande

Jacques Bec ne regrette pas d'être allé en Algérie. Au moment de partir en 1957, ce garçon de vingt ans n'a ressenti aucun état d'âme. Aujourd'hui encore, il éprouve quelques difficultés à comprendre ceux qui avaient des doutes. A ses yeux, les manifestations de rappelés, comme celle de Grenoble où il s'est bien gardé d'aller, ne pouvaient qu'être l'œuvre de manipulateurs.

« Je devais faire mon service, c'était écrit, je devais y aller. Je suis parti avec ma classe. Quand j'ai rejoint mon unité avec ma petite valise en ferraille, ma seule ambition militaire était de me planquer, de rester dans un bureau si possible. Après quatre mois dans les chasseurs alpins, à Annecy, je suis parti, un peu contraint, pour l'école d'élèves officiers de Cherchell. A l'époque, il manquait beaucoup d'officiers et, dès qu'on avait le niveau du bac, c'était direction les EOR. A Cherchell, c'était difficile. Nous étions 2 sur 600 à avoir vingt ans. Les autres étaient sursitaires et avaient fait des études supérieures. Je suis sorti aspirant dans un rang assez lointain. J'ai choisi les Aurès parce qu'il ne restait plus que cela et qu'en outre, sur le *Guide Michelin,* il était indiqué que c'était un joli coin. »

Jacques Bec relate son histoire algérienne tandis que nous marchons dans le cadre magnifique du massif du Vercors. Bec possède l'un des plus grands magasins de vêtements de Grenoble, mais il habite dans la montagne, à Saint-Nizier-du-Moucherotte. Il compare la végétation dans les Aurès, plus basse et plus rare, avec celle du Vercors. Par moments, il indique du doigt une zone rocailleuse et lui trouve une ressemblance avec les paysages rocheux de là-bas.

Peu de temps après son arrivée dans les Aurès, on propose à Bec de prendre la tête d'une harka.

A l'origine, les harkis — le mot signifie « gardiens » — désignaient les supplétifs algériens recrutés sur le plan local par l'armée française, à laquelle ils n'étaient pas intégrés. Les harkis n'étaient pas des soldats réguliers, mais ils percevaient une solde mensuelle, et leur contrat reconductible pouvait être révoqué sans préavis. Certains harkis optaient pour la France par conviction, d'autres parce que leur père ou leur frère avait été massacré par le FLN. D'autres encore choisissaient l'armée française parce qu'ils n'avaient pas le choix. A la première occasion, ils repassaient de l'autre côté. Enfin, dans ces régions misérables, l'attrait d'une solde régulière qui permettait à la famille de vivre bousculait tous les *a priori*. La valeur militaire de ces troupes supplétives variait beaucoup selon la qualité de l'officier français qui les commandait.

Leur connaissance précise du terrain, des coutumes locales, de la langue représentait en tout cas une aide précieuse. Le rôle des harkas, constituées souvent en commandos de chasse, consistait à surveiller les évolutions des bandes rebelles. Les harkis vivaient comme les unités du FLN, opéraient la nuit et observaient le terrain pendant plusieurs jours sans se faire repérer. La fonction des commandos de chasse n'était pas d'engager le combat, mais de récolter le maximum de renseignements et de les transmettre aux unités opérationnelles.

Cette expérience d'une unité formée de harkis fut celle de Jacques Bec :

« J'ai créé une harka de *a* à *z*. J'ai recruté les gens, je les ai formés, j'en ai fait un commando de chasse. J'ai été aidé par un vieil Algérien qui avait fait la campagne de Monte Cassino. On allait dans les centres de transit, c'est-à-dire dans les prisons, et on proposait aux gens du FLN de venir se battre avec nous en étant habillés et payés. On mettait leur loyauté à l'épreuve. Au début, ils portaient un sac ; ensuite, ils touchaient une arme dont le percuteur était enlevé. On les éprouvait également en leur faisant boire de l'alcool – un verre de bière –, ce qui pouvait apparaître comme un reniement de leur religion. On prenait rarement des célibataires ; ils avaient des familles, des enfants : si l'homme avait voulu déserter en volant des armes, il aurait dû abandonner les siens et il aurait pu craindre qu'on exerce des représailles, ce qu'on n'aurait jamais fait.

J'avais pour principe de ne jamais prendre de ralliés, c'est-à-dire des gens qui avaient déjà trahi une fois. Car qui trahit une fois peut trahir deux fois.

Puis je les entraînais, au tir, à l'observation. Eux c'étaient des chasseurs qui observaient la nature, qui savaient voir des choses que nous ne voyions pas. Ils repéraient ce que nous ne repérions jamais. Par exemple, si, à l'approche d'un village, on n'apercevait aucune trace de population, c'était signe d'embuscade. Des aigles volant à basse altitude, c'était la preuve qu'il n'y avait pas âme qui vive dans le coin. Au sol, ils détectaient les caches d'armes très facilement. Un jour, nous avons appris justement l'existence d'une cache ; une unité de parachutistes avait fouillé tout le secteur qui s'étendait sur un kilomètre de long et huit cents mètres de large. Ils n'ont rien trouvé et, en fin d'après-midi, l'officier de renseignement vient me voir et me dit : " Essayez donc avec vos harkis. " On a commencé, sous les quolibets des collègues, à fouiller le terrain. Au bout d'un moment, un harki s'est approché de moi et m'a lancé : " Ça y est, mon lieutenant, j'ai trouvé. " Il m'a montré un arbre, un chêne dont une branche à deux mètres du sol n'avait plus du tout de feuilles. Nous étions en zone interdite, donc aucune population ne pouvait passer par là. Et mon harki m'a expliqué : " Tu vois cette branche, un mulet a mangé les feuilles. Si on a attaché un mulet au pied de cet arbre, c'est qu'on a apporté ici quelque chose de lourd. " Il a commencé à tourner autour de l'arbre et puis il m'a indiqué une portion de sol qui avait été retournée. En dessous étaient enterrés des fûts d'huile bourrés de munitions et d'armes.

Mon rôle, c'était donc la recherche du renseignement. Au début, je n'avais qu'une trentaine de gars sous mes ordres, équipés de vieux fusils Lebel de 1917. Pour chercher le renseignement, on sortait de nuit. On marchait la nuit, et le jour on dormait et on observait. Le rôle d'un commando de chasse était de mettre en place des sentinelles bien camouflées qui observaient le terrain à la jumelle et qui rendaient compte des mouvements du FLN, des effectifs, des camps, des réserves de vivres, etc. En fait, on effectuait le même travail que l'ALN. D'ailleurs, les combattants d'en face, qui menaient la même vie que nous, je les respectais. Il m'est arrivé d'admirer leurs chefs. En revanche, dans les villages, j'avais à lutter contre l'organisation politico-administrative du FLN, qui représente la lie de toute guerre. Pour se nourrir, le FLN était obligé de récupérer du ravitaillement dans les villages et faisait régner la terreur. Ces hommes étaient chargés d'effrayer la population. De jour, l'armée française faisait respecter une certaine loi ; de nuit, c'était la loi du FLN. Mais avec des moyens beaucoup plus durs que les nôtres. J'ai vu des morts, j'ai vu des civils blessés, voire mutilés ; ce sont des méthodes qu'un être humain ne peut pas tellement apprécier. Les commissaires politiques que j'ai connus étaient des tortionnaires et des assassins. C'est pour cette raison que je fais la distinction entre les combattants qui risquent de sacrifier leur vie et les politiques qui ne sacrifient jamais rien. »

Durant toute son aventure dans les Aurès, Jacques Bec n'a pratiquement jamais porté d'arme, sauf pour aller chasser les perdrix. Un chef d'unité, responsable de la radio, qui doit communiquer avec l'état-major, qui donne des ordres, n'a pas le temps de faire le coup de feu.

« Ce n'est pas pour me dire que je n'ai pas tué d'homme ; j'assume la responsabilité de ce que j'ai fait. Si des gens qui étaient sous mes ordres ont tué, c'est comme si je l'avais fait, moi. »

Drôle d'aventure que celle de Bec, vivant seul au milieu de ses harkis, maître d'un territoire où il fait régner l'ordre. Son ordre.

« Mes hommes m'étaient totalement dévoués. Le règlement militaire m'obligeait à désarmer la harka tous les soirs et à attacher les fusils. Je ne l'ai jamais fait, parce que j'avais confiance en eux, et je ne vois pas comment j'aurais pu avoir confiance si j'avais laissé voir que je me méfiais d'eux. J'ai vécu dans un village de 300 personnes avec femmes et enfants, et j'étais le seul Européen. S'ils avaient voulu me supprimer, ils auraient pu le faire sans problème. Je vivais avec ces gens-là, je m'étais investi totalement. Si l'un de mes hommes trahissait ma confiance ou commettait une faute, j'avais pris conseil des gens du pays : les seules punitions valables étaient les punitions corporelles. Toute faute était sanctionnée par des coups de nerf de bœuf. J'ordonnais la punition, mais je n'avais pas droit à l'erreur. Les vols, les fautes les plus simples étaient sanctionnés. »

A ce moment l'échange avec Bec devient plus rapide :

« Et si la faute était plus grave, une exaction sur la population par exemple ?

— Cela ne s'est jamais produit, mais, là, la sanction aurait pu être très grave, aller jusqu'à l'extrême.

— C'est-à-dire la peine de mort ?

— Exactement.

— Sans tribunal ?

— Exactement. »

Les réponses de Bec sont aussi lapidaires que ses jugements. Qu'il puisse bafouer la loi, la loi qu'il est venu défendre, ne le trouble pas.

« Ne pas donner cette sanction, cela aurait été un

signe de faiblesse. D'ailleurs, ceux qui ont été punis pour des fautes bénignes, par un châtiment qui, chez nous, semble remonter au siècle dernier, ne m'en ont jamais voulu. Ils étaient armés jusqu'aux dents. Ils acceptaient la punition, mais, si j'avais puni quelqu'un à tort, je l'aurais payé de ma vie. Je n'ai jamais eu à me plaindre de ces gens-là. C'est un peu le regret de ma vie de les avoir embarqués dans cette aventure. J'y croyais tellement. A nous, jeunes lieutenants, on disait : la France doit être en Algérie ; et nous, on transmettait le message. Et ils nous croyaient. Le grand regret, c'est de les avoir laissé tomber. »

Jacques Bec est parti bien avant la fin de la guerre d'Algérie : le remords le taraude souvent, mais il garde également une forte nostalgie de ce temps où, à vingt ans, il commandait aux autres.

« J'étais un chef de bande, un chef de village ; je gérais un village entier avec tous les problèmes que cela posait. Mes hommes portaient de vieux treillis toujours recouverts d'une djellaba qui évitait de se faire repérer. J'étais habillé comme eux, sans galons apparents. Mes harkis portaient un grand couteau fabriqué dans des lames de jeep et aiguisé sur la pierre. J'avoue que c'était assez impressionnant. Ils étaient très fiers de le porter et s'en servaient autant pour égorger les poulets que pour se raser. Mon aide de camp me rasait avec ce grand couteau chaque matin et je ne m'y suis jamais habitué.

Dans les villages des Aurès, il ne restait que des vieillards ou de très jeunes enfants, car tous les autres étaient ou avec nous ou de l'autre côté. Tout ce qui pouvait tenir un fusil, à partir de treize, quatorze ans, était enrôlé soit par le FLN soit par nous. Avec la population, nous avions d'excellentes relations le jour, car, la nuit, on ne la voyait pas : elle était entre les mains du FLN. On était accueillis de façon sympathique, mais on sentait qu'ils avaient peur. Je ne pense pas qu'ils avaient peur de nous, même s'il nous arrivait d'être brutaux verbalement, de fouiller les maisons de manière virile. »

Si on demande à Bec de préciser ce que signifie manière virile, il ne se fait pas prier.

« On fichait en l'air la maison pour trouver ce qu'on cherchait, c'est-à-dire souvent des messages qui y étaient cachés. Le FLN cachait ses papiers dans les murs, mais, lorsque nous intervenions, nous ne le faisions qu'avec de fortes présomptions, voire des certitudes. D'ailleurs, on trouvait toujours. On opérait sur renseignements soit fournis par les harkis, qui obtenaient ces indications par les familles, soit transmis par d'autres unités qui avaient interrogé des prisonniers. »

Jacques Bec lui-même a-t-il été confronté à la torture ? Là encore, il ne se dérobe pas à la question, même s'il emploie des phrases de plus en plus tortueuses. L'ancien lieutenant assume ses actes, mais il ne plastronne pas. Il a réfléchi, il a douté, et sa façon même de parler reflète une tension intérieure que trahissent les yeux. Bec n'a pas le regard d'un homme bardé de certitudes.

« C'est très difficile d'en parler, je tiens à préciser : je n'ai jamais vu torturer des gens gratuitement par des officiers de l'armée française. Torturer systématiquement pour obtenir des renseignements, jamais. Sur le moment, vous avez votre boulot à faire, vous avez en face de vous quelqu'un... Moi, j'ai eu ce problème, j'avoue que c'est quelque chose qui me... J'y pense encore maintenant. J'ai eu entre les mains un monsieur qui avait des documents sur lui. Sur ces documents, il y avait les noms de gens qui étaient dans une compagnie d'appelés. Il possédait également sur lui les plans d'un poste. J'ai rendu compte à mon chef de corps, qui m'a dit qu'il fallait en savoir plus. A ce moment-là, bon... je précise… on ne l'a pas torturé à mort… on lui a donné un certain nombre de claques, on lui a versé de l'eau sur le visage, des choses comme cela. »

Je lui demande de préciser :

« L'électricité ?

— L'électricité, mais avec 12 volts, donc c'est pas bien méchant. Il s'est avéré que, quand cet homme a parlé, le poste dont il avait le plan était entièrement encerclé par le FLN, et les trois noms qui figuraient sur les papiers étaient des noms de gens qui avaient trahi. Le poste allait être enlevé, et les appelés massacrés. Quelquefois, on se pose la question ; on se dit : oui, c'est dégueulasse. Mais là, je pense qu'il n'y aurait pas eu de survivants. »

Il s'arrête. J'insiste :

« Vous justifiez la torture par l'efficacité ?

— On ne peut pas la justifier, mais il y a torture et torture. Moi, je ne parle pas de la torture telle qu'ont pu la pratiquer les SS. Je n'ai jamais vu cela. Faire peur à un homme, oui. L'acculer, oui. Mais je ne l'ai vécu que ce jour-là. Fallait-il rester les mains dans les poches ? Je l'ai fait sur ordre, mais je ne le regrette pas. »

Pour sa conduite pendant la guerre, Jacques Bec a reçu trois citations, mais il ne les revendique pas. Il en attribue le mérite à ses harkis, sans lesquels il n'aurait jamais rien fait. Cet officier décoré prenait un tel plaisir à la vie militaire qu'il a failli rempiler.

« J'ai failli rester dans l'armée d'active ; je ne l'ai pas fait parce que la vie de couple n'est pas compatible avec la vie d'officier. Mais j'ai trouvé un état d'esprit dans l'armée, c'est une franchise, une sympathie. Des hommes capables de donner leur vie pour leur pays, je parle de l'armée d'active, moi, je trouve cela formidable, sans exiger de contreparties, sans se mettre en grève. Pour eux, le mot " patrie ", le drapeau, la France, ils ont ça dans les tripes. »

De temps à autre quelques appelés échouent dans ce coin paumé des Aurès. Des fortes têtes, des gusses qui traînent les rangers, car ils n'ont pas trop envie de la faire, la guerre.

« Les appelés qu'on nous envoyait étaient des irréductibles qui ne s'habituaient pas à la vie militaire, soit par idéologie politique, soit par incapacité. Alors, dans ce bataillon hors de tout, loin de tout, sans aucun contact, puisque seulement un convoi tous les quinze jours nous reliait à la ville la plus proche, les gars étaient là en punition. C'était plus élégant que le tribunal militaire. Vous savez, avec les récalcitrants qui étaient contre la guerre, par exemple, il y a deux méthodes : si vous n'obéissez pas à un ordre, normalement, c'est le tribunal militaire. L'autre manière, que je préférais, était beaucoup plus souple : elle consistait à ne pas obliger les gens à prendre un fusil pour tuer leurs soi-disant frères qui étaient en face. Très vite, le fusil, c'est eux qui me le demandaient, parce qu'ils avaient peur. Je n'ai jamais vu un gars qui n'ait pas été retourné. Ils étaient pris à ce moment-là dans l'engrenage de la guerre et ils rentraient dans le rang. Ils avaient peur parce qu'ils se rendaient compte que ceux d'en face, qu'ils considéraient comme leurs frères, ne leur auraient pas fait de cadeau. »

Bec a aimé ces années intenses où il vivait vingt-quatre heures sur vingt-quatre, dormant n'importe où, par terre, quelques instants, avant de repartir. Il a pris plaisir à cette vie de commando.

« On n'oublie pas. On n'oublie pas une expérience, c'est dur d'employer le mot expérience, parce que c'est bien plus fort que cela. On n'oublie pas deux ans de vie intensive à vingt ans. Ce n'est pas possible. Je n'ai appris qu'une chose à l'armée, j'ai appris à connaître les hommes… J'ai appris à connaître l'être humain vraiment… vraiment à fond.

Lorsque les gens se battent, lorsque les gens ont peur, vous les voyez vraiment. Vous voyez l'homme qui a peur… qui est au bord des larmes. Voir celui qui pleure de frousse, c'est une expérience humaine assez extraordinaire. Les gens sont nus devant vous. Ils ne peuvent pas vous raconter d'histoires. »

Bec, pourtant, se garde bien de jouer au héros. La peur, il l'a connue comme les autres.

« Vous savez, celui qui dit qu'il n'a jamais eu peur en se battant, je ne sais pas si cela existe. Dès le premier affrontement auquel j'ai participé, j'ai éprouvé cette peur. On avait coincé une unité très importante du FLN au fond d'un oued ; nous encerclions cette unité à mi-pente. Ils ont tenu jusqu'à la nuit, et, au milieu de la nuit, le chef de cette unité FLN, qui était un chef remarquable, est venu par-derrière nous chercher ses hommes. Il appelait ses hommes à la voix et leur indiquait où on était et par où il fallait passer. Ça, c'était impressionnant. Ça signifiait qu'on était encerclés à notre tour. C'est plus angoissant que quand on vous tire dessus. Parce que la balle que vous entendez, de toute façon, ce n'est pas celle qui vous touchera. Vous avez une peur rétroactive comme dans un accident de voiture. »

7

La peur au ventre

La peur, la trouille, l'angoisse. Il suffit de parler cinq minutes avec un ancien d'Algérie pour que le mot traverse la conversation. Presque tous reconnaissent que cette compagne ne les quittait guère. Crainte de sortir, crainte des opérations, crainte d'être blessé. Trouille d'être fait prisonnier. Hantise de tomber dans une embuscade.

René Donazzolo, par exemple, lorsqu'il évoque son temps outre-Méditerranée, personnifie cette peur. Il a le courage de le reconnaître. Il était sergent au 60e RI de 1956 à 1958.

« Quand vous débarquez, on vous accueille avec *La Marseillaise*, avec des fleurs, mais cela ne dure pas longtemps. Vingt-quatre heures après, on est dans le bain : vous avez compris que c'est bien une guerre. Quelques jours après mon arrivée, je suis tombé dans une embuscade, c'était le baptême du feu. Nous étions dans des camions, nous roulions vers notre camp, quand tout à coup ça s'est mis à tirer. Je n'ai rien vu personnellement ; j'ai sauté du camion et je me suis vite caché. C'est tout ce que j'ai fait. Je n'ai pas tiré un coup de fusil. Rien du tout. J'avais peur. Je ne cache pas que j'avais peur. J'ai toujours eu peur, pendant toute la guerre.

Quelques appelés aimaient faire la guerre, ils aimaient ça, ils trouvaient que c'était amusant. Pas moi. Je tenais à la vie. J'étais le fourrier de la compagnie, donc responsable du matériel et des armes. Je passais l'inspection des armes – nos armes avaient fait l'Indochine ; souvent les mitraillettes s'enrayaient. Mais je n'ai pas vu d'accident. En revanche, plusieurs fois, nous avons dû enlever des armes à des appelés parce que les nerfs lâchaient. Ils devenaient un danger pour la section. D'autres ne pouvaient pas monter la garde. Au moindre petit bruit, ils tiraillaient et tout le monde se retrouvait sur le pied de guerre.

L'embuscade, c'est toujours une surprise. On ne s'y attend pas. Dans ce cas-là, c'est automatique : vous avez une arme, vous tirez. Parfois, cela se passe bien ; parfois, cela se passe mal. Plusieurs fois, on a été entourés de fellagha, puisqu'on les appelait comme ça. Il m'est arrivé d'entendre donc les fellagha crier : “ A l'assaut, sales Français, on arrive. ” Dans ces cas-là, on attend la fin... »

A ce moment-là, René Donazzolo, submergé par l'émotion, s'interrompt. Il pleure un long moment la tête dans les mains. Malaise devant ce spectacle d'un homme de cinquante-cinq ans qui craque à l'évocation de son passé. Donazzolo avait prévenu avant ; il ne savait pas s'il tiendrait le coup. Il relève la tête, boit un verre d'eau. Il veut poursuivre :

« Dans cette opération, on a été sauvés par l'aviation. Au dernier moment, les T6 sont arrivés et ont mitraillé, ce qui nous a permis de nous dégager. Je me souviens d'une autre embuscade où nous nous sommes retrouvés dans une situation critique. Au départ, c'était un ratissage. Nous avions fait halte dans une clairière et nous nous apprêtions à sortir nos boîtes de ration. Le capitaine a vu qu'on était exposés et nous a ordonnés d'entrer dans le sous-bois, mais nous n'avons pas eu le temps d'arriver à la lisière que nous avons été pris dans un véritable déluge. Les fellagha nous attendaient. Ils étaient en embuscade. Nous avons eu deux morts tout de suite et plusieurs blessés. Ce jour-là, c'est l'artillerie qui nous a sauvés. Nous avions donné notre position, et les canons tiraient de derrière nous. Mais les fellagha étaient si près que les obus tombaient juste devant nous à tel point que nous recevions des éclats. J'en ai même gardé un en souvenir. »

Donazzolo sort de sa poche un éclat et le montre fièrement. Pendant tout le reste de la conversation, il ne cessera de le manipuler.

« Une autre fois, on a été accrochés dans un bois. J'avais une mitraillette et j'ai passé tous mes chargeurs. Je n'avais plus de munitions. J'attendais, j'ai pensé à ma famille, à ma fiancée. J'attendais la mort. Nous étions isolés. Les balles sifflaient de partout, les feuilles tombaient. C'est notre capitaine qui nous a sauvés. Il s'appelait Juif. Il s'est levé tout droit et il nous a dit : “ Allez, les enfants, venez avec moi, on part en arrière. ” On l'a suivi. Quand vous voyez une personne de cette trempe, vous êtes obligé de suivre. »

Actuellement, René Donazzolo est chercheur dans le laboratoire d'une entreprise. Il teste la résistance des matériaux.

« Lorsque je suis revenu d'Algérie, j'étais comme

les copains. J'étais un peu... hébété. J'ai mis un an à me remettre dans la vie active vraiment. Je me souviens, les premiers temps, dans les rues... Au moindre bruit de moto, je sursautais. La nuit, je me réveillais et je me disais : c'est fini, tu es rentré. La guerre m'avait changé ; tous ceux qui sont passés par là sont revenus avec un caractère changé, durci. Je crois qu'on a... vieilli. En vingt-cinq mois d'armée, je n'ai pas vieilli de deux ans, mais de dix. On a le sentiment d'avoir gâché sa jeunesse, puisque l'amusement, on n'a pas connu. Je fais partie d'une génération qui n'a pas eu de chance. Lors de la guerre de 39-45, nous étions gamins, mais les jouets, on ne les a pas vus. Quand on a eu vingt ans, c'était le moment de s'amuser en Algérie. Je ne faisais ni politique ni syndicalisme, donc j'y suis allé sans me poser de questions. Mais ce que j'ai fait là-bas n'a servi à rien. Je pense qu'au XXe siècle il était normal que les gens demandent leur indépendance. »

Aujourd'hui, Donazzolo milite à la FNACA. Chaque fois que les associations d'anciens combattants organisent une montée sur Paris, il n'hésite pas à faire le voyage en car. Le 10 novembre 1990, il était là, avec des milliers d'autres, pour défendre les revendications, dont la première demeure la reconnaissance de l'état de guerre en Algérie.

« Je pense bien que c'était une guerre : il y a eu des morts, des centaines de milliers de blessés, des cas sociaux. Ceux qui sont morts sont morts pour la France. Oui, je sais, cela paraît ridicule trente après d'être si ému. C'est peut-être mon caractère. Mais, quand on a vu la mort de si près, cela bouleverse, même trente ans après. Je crois que c'est la première fois que je parle de ma guerre d'Algérie. Même ma famille ne connaît pas tous ces détails. Pourquoi raconter à ses copains, à ses proches ce qu'on a vécu là-bas ? C'est toujours triste les mauvais souvenirs, on les laisse de côté. »

8

Les bérets rouges

Officiellement, l'Algérie n'était pas en guerre ; une partie de la France ne pouvait se battre contre une autre. Ce que le contingent était allé faire de l'autre côté de la Méditerranée s'est donc appelé « maintien de l'ordre », puis « pacification ». A cette tâche était affectée l'immense majorité des appelés : le quadrillage, c'est-à-dire la protection des villages et des voies de communication, le ratissage, à savoir l'exploration systématique d'une zone préalablement bouclée, requéraient une « main-d'œuvre » importante. Les résultats, d'ailleurs, étaient souvent faibles en regard des moyens utilisés. Pendant longtemps, les rebelles glissèrent entre les mailles du filet inlassablement jeté. Il arrivait pourtant que cela « accroche ». Une bande de HLL (hors-la-loi) était repérée. A ce moment-là intervenaient les unités combattantes aguerries et mobiles, la Légion ou les parachutistes.

Dans un livre publié en 1961, *Les Parachutistes*, Gilles Perrault, lui-même para en Algérie, écrit : « En Algérie aujourd'hui, dès qu'une troupe a, comme on dit, établi le contact avec l'adversaire, c'est-à-dire dès que les premiers coups de feu ont été échangés, les hommes arrêtent leur progression et attendent, assis sur leur derrière, l'arrivée des parachutistes qui donneront l'assaut. »

Ce schéma, reconnaît Gilles Perrault, est sommaire — bien des bidasses qui ne portaient pas la tenue léopard ont participé à des combats —, mais il reflète une réalité : les paras en Algérie, soldats entraînés, étaient héliportés dès que l'affaire était sérieuse.

Pourtant, ce n'est pas cette image du combattant courageux qui ressort dès qu'on évoque les hommes au treillis ajusté. A la légende guerrière se superpose, jusqu'à la masquer parfois, l'opprobre : le para d'Algérie fut un salaud, un tortionnaire, un casseur de fells. Ces surhommes traitèrent les Algériens comme des sous-hommes. Cette élite ne se distingua que dans le maniement des électrodes. Son seul fait d'armes est d'être monté à l'assaut de la

Casbah pendant la bataille d'Alger. Sans compter la participation aux mauvais coups qui ont mis, du 13 mai au putsch des généraux, la République en péril. Cette vision est tellement commune que l'on oublie souvent que les paras n'étaient pas un corps professionnel, des mercenaires de la mort, et que les régiments parachutistes étaient formés à 80 ou 90 % d'appelés. Il faudrait donc, si ces reproches sont fondés, les adresser aux jeunes du contingent.

Robert André et Grégoire Alonso se sont connus en novembre 1956, quand ils ont fait leurs classes à Montauban. André, aujourd'hui cadre supérieur, a le physique et le profil d'un moine soldat, le regard clair et droit. Cet homme respire l'absolue sincérité ; il veut témoigner parce qu'il en a assez du procès permanent intenté aux paras. Il raisonne, il argumente, il convainc. L'autre, Alonso, est un ouvrier d'origine espagnole. Il parle avec ses tripes en une sorte de monologue qu'il s'adresse à lui-même, entrecoupé de soupirs, de sanglots étouffés qui cassent par moments la voix. Tous les deux chez les paras, ils ont connu une guerre difficile. Ils ont souffert. La dernière fois qu'ils se sont vus, c'était en février 1957, lors d'un saut d'entraînement à Toulouse. La guerre les a séparés. Robert André est parti suivre les EOR ; Alonso a été intégré au 9e RCP. Trente-quatre ans après, en se revoyant, ils ont marqué un temps d'arrêt. Puis les souvenirs sont revenus en rafales.

Robert André :

« Nous étions dans la même section, mais pas dans la même chambrée. Nos chefs avaient su forger une sacrée ambiance, et là des amitiés se sont nouées, très fortes. Nous avions fabriqué un cahier de section avec des photos, où, aujourd'hui, on se reconnaît avec peine. Sur ce document, on retrouve toutes les petites anecdotes qui ont pu se passer pendant les trois mois de classes et ensuite au stage de saut à Pau. On s'était donné des surnoms : chacun avait le nom d'un film de l'époque. On trouvait “ Gueule d'amour ”, “ Papa longues jambes ”, “ Pépé le Moko ”, “ Graine de violence ”, “ Les héros sont fatigués ”, “ Cet homme est dangereux ”... avec un petit texte d'explication. Moi, c'était “ Riz amer ”. »

André rit et il lit les lignes qui lui sont consacrées dans ce cahier qu'il garde comme une relique :

> Riz Amer, son sourire lui mange la figure, sauf au lever du matin ; globe-trotter il a ramené de ses voyages

une bonne humeur inégalée mais attention à l'eau qui dort (elle dort).

Il feuillette les pages et tombe sur le surnom d'Alonso :

> Le Monde du silence : concentré de Grenoblois et d'Espagnol, son accent, son air parisien, sa moustache nous cachent sa passion contenue, il nous la fait entrevoir par instants... Quand tu danses, danses, danses...

Grégoire Alonso commente :

« C'était la fameuse chanson de Gilbert Bécaud. Je chantais un peu à l'époque, en amateur, pour les copains. »

Robert André :

« Pendant toute cette instruction, l'ambiance était excellente, mais, physiquement, c'était très très dur. Les marches de quarante kilomètres sac au dos, plus tard, en Algérie, on a fait cela couramment ; mais là, on n'était pas encore entraînés, et l'hiver était très froid. On faisait aussi les tests paras : huit kilomètres en courant en moins d'une heure. On s'entraidait pour terminer. »

Dans *Les Parachutistes*, Gilles Perrault écrit encore : « L'entraînement, dans un corps d'élite, revêt le caractère d'une initiation. Son objet n'est pas tant de faire à la recrue un corps souple et dur, ou de lui communiquer la science des armes, que de la rendre digne d'entrer dans la secte. »

Robert André :

« La nourriture était épouvantable, et pourtant je n'étais pas difficile. J'avais cinq ans pendant la guerre et je savais ce que c'était que mal manger. »

Grégoire Alonso :

« On a fait une grève, un jour, une grève de la faim. Cela s'est un peu amélioré pendant huit jours. »

Robert André :

« Mais, malgré cela, nous avions une équipe extraordinaire. Les paras, ce n'est pas ce qu'on imagine. Au niveau intellectuel, j'étais un des plus faibles, je n'avais fait que des études secondaires, tous les autres, à part deux ou trois engagés, étaient des sursitaires qui sortaient d'HEC, qui étaient avocats stagiaires, il y avait deux séminaristes dans ma section. C'est pour vous donner une idée de l'état d'esprit, qui était très loin du para rouleur de mécanique, grande gueule, qu'on montre habituellement. Lors de notre instruction, nous avions un jeune sous-lieutenant qui nous a vraiment formés ;

dans le cahier de section, à la fin, il avait écrit un texte où il explique bien ce que nous étions et ressentions. »

André reprend le cahier de section et il lit :

> Nous étions ou nous sommes devenus volontaires au saut, nous pouvons être aussi de ces volontaires pour l'aventure. Beaucoup d'entre nous ont demandé les paras par horreur de la vie de caserne et de ses mesquineries pseudo-militaires... Puissions-nous comprendre l'importance de notre tâche, ne pas céder à la tentation de la force aveugle et participer à une pacification vraiment humaine... Nous avons un devoir de lucidité d'enthousiasme, car ce qui compte dans un homme, c'est la flamme qui l'anime...

Gilles Perrault encore : « Le corps d'élite est une secte. Il en possède les rites, le langage hermétique, les mots de passe ; il a ses apôtres et ses martyrs, il a son uniforme. Sa vision du monde est simple et catégorique : il y a d'une part ceux qui font partie de la secte, d'autre part ceux qui n'en sont pas. »

Robert André ajuste ses lunettes, poursuit la lecture du texte qui relate le dernier saut de la promotion :

> « Une dernière fois, je vous ai vus monter cette échelle, malhabiles, courbés vers la gauche pour résister

au vent des hélices, embarrassés par vos parachutes. Une dernière fois, je vous ai vus chercher des yeux votre place dans l'avion, faire demi-tour et vous asseoir doucement face à la queue de notre zinc... J'ai lu quelque part que le parachutiste était un être parasocial, dangereux et inquiétant. Je n'ai pu m'empêcher de sourire en voyant la verve de certains, la tranquille assurance d'un autre, le calme de celui-ci, le recueillement de celui-là. Cette fois-là, vous avez accroché avec plus de calme, décomposant, mesurant et comprenant votre geste avec plus de sérieux que les autres jours. Une dernière fois la lumière verte s'est allumée ; cette fois, j'ai voulu sauter le dernier pour fermer cette porte symbolique que j'avais ouverte quelques mois auparavant lors de votre arrivée. Une dernière fois nous sommes descendus doucement, tous ensemble, sous notre coupole, vers cette terre des hommes qu'il est parfois si bon de quitter. Bientôt, malheureusement, ce sera le départ, la dissolution matérielle de notre équipe, mais l'esprit de notre section demeurera présent dans la mémoire de chacun d'entre nous... Avant de nous quitter, je voudrais formuler un vœu, j'ai l'espoir et la ferme conviction qu'il sera exaucé : nous revoir tous un jour, plus tard et pouvoir nous serrer la main, comme dans le temps mais entre copains... »

Robert André s'interrompt, ému. L'auteur de ces lignes, son lieutenant, sera tué en Algérie trois mois plus tard. Lui-même, à l'issue de l'instruction, traverse la Méditerranée.

« Mon père, qui était resté très " drapeaupatrie ", n'a rien trouvé à redire à ce que je parte en Algérie. De ce pays je ne connaissais rien, je ne savais même pas ce qu'était un pied-noir, j'étais lyonnais d'origine. Ce que nous savions du FLN, c'étaient les fermes brûlées, les attentats contre les civils, les femmes égorgées. Pour nous, aller en Algérie, c'était faire œuvre de pacification. Le pays appelait. Je ne trouvais rien à redire. Dans les paras, j'avais peur de ne pas être à la hauteur, je redoutais le saut et je n'avais rien d'un athlète, mais j'avais envie de faire du sport, je voulais me prouver à moi-même que j'étais capable.

Donc, après mes classes et le stage de saut à Montauban, je suis parti à Cherchell pour apprendre le métier d'officier ; là, c'était très dur, non seulement physiquement, mais par la compétition qui sévissait. Beaucoup d'appelés étaient sursitaires, sortaient des facultés et des grandes écoles, et le niveau était très élevé ; certains bachotaient pour sortir dans un bon rang. Jc suis sorti sous-lieutenant. J'avais demandé le 18e RCP puisqu'il ne restait plus de place avec mon rang de sortie au 9e RCP. J'ai fait encore un certain nombre de stages d'officier commando. Puis j'ai reçu le commandement d'une section de voltige. »

Grégoire Alonso :

« J'étais volontaire pour les paras quand j'ai été appelé, c'était pour le sport. Mes parents étaient immigrés, ils voulaient que mon frère et moi soyons français. Mon père savait ce qu'était une guerre, il avait connu celle d'Espagne. Je suis arrivé en Algérie en octobre 1957. A Alger, on a eu un accueil chaleureux ; on nous a fait des piqûres contre la fièvre jaune. Alors, on a baissé le pantalon, on était une centaine, on est tous allés à l'infirmerie. J'ai rejoint le 9e RCP dans la région de Djidjelli. Le lendemain de mon arrivée, j'étais sur un GMC à 6 heures du matin, et on partait en opération. On m'avait donné un poste radio, le poste 300. J'avais très peur. Dès 11 heures du matin, ça a accroché. Moi, j'étais obligé de suivre le chef de section, et les anciens m'avaient prévenu que les premiers atteints étaient le chef de section et son radio. Alors moi, je me suis assis par terre. Le chef ne voulait pas. Il me disait : " Debout, reste près de moi. " Moi : " Ouais, je suis fatigué. " Les balles sifflaient, je croyais qu'on nous tirait dessus et je me planquais derrière un arbre ; et on me disait : " C'est loin, tu ne risques rien tant que ça ne claque pas. "

Et puis après, j'étais voltigeur. C'est-à-dire en avant : ça consiste à fouiller le terrain en ayant toujours l'œil sur le camarade qui est à droite et à gauche. »

Robert André :

« J'ai tout de suite été dans l'ambiance. Le premier affrontement auquel j'ai participé, mon baptême du feu, on a eu 9 morts, dont un officier qui était un camarade. J'ai passé la nuit à côté d'un blessé, un jeune sergent touché à la poitrine qu'on n'avait pas pu évacuer ; je parlais avec lui, je lui disais que les hélicos allaient venir — manque de chance, ils sont allés sur les crêtes en face, où ils évacuaient des blessés du 2e REP. J'étais crevé, je me suis endormi, et le matin, quand je me suis réveillé, il était mort. »

A partir de 1957, un barrage électrifié est édifié sur la frontière algéro-tunisienne. Baptisée du nom du ministre des Armées de l'époque, André Morice, la ligne Morice devait empêcher les unités de l'ALN stationnées en Tunisie de pénétrer sur le territoire algérien. En réalité, la ligne n'était pas étanche. Les bandes rebelles cherchaient sans cesse à la franchir ; mais le barrage électrifié permettait de localiser les passages. A ce moment-là, les unités opérationnelles intervenaient. La frontière algéro-tunisienne constitua pendant toute la durée de la guerre un champ de bataille permanent. Au début de 1958, alors que le barrage entre en activité, l'ALN multiplie les incursions et se replie ensuite en territoire tunisien, où l'armée française n'a pas le droit de la poursuivre. Mais le 8 février, le village tunisien de Sakiet est bombardé par une escadrille française. L'objectif est en principe une mine désaffectée qui sert de cantonnement à une unité de l'ALN. En fait, parmi les 70 morts et 150 blessés, on relève beaucoup de civils et d'enfants tués sous les décombres de l'école. Cette affaire de Sakiet et l'internationalisation du conflit qu'elle provoque seront directement à l'origine du 13 mai 1958. Mais, sur le terrain, la bataille des frontières continue, dans laquelle le 9e RCP de Grégoire Alonso est engagé.

Grégoire Alonso :

« De janvier à avril, on était sur la frontière tunisienne. C'était au moment de Sakiet. On était en alerte constante ; presque tous les soirs, des unités de l'ALN passaient la frontière, venaient canarder un fort qui se trouvait en contrebas et rentraient en Tunisie. Nous, on montait des embuscades sur leur chemin du retour, à deux kilomètres de la frontière, ce qui ne s'est jamais su d'ailleurs. Mais on n'avait pas le droit de poursuivre de l'autre côté. Ensuite s'est déroulée la bataille de Souk-Ahras où les fells ont coupé le barrage en plusieurs endroits. Ils sont rentrés à 800 bonshommes, et le 9e est tombé dessus. Une compagnie a été héliportée au milieu de deux katibas [unités de l'ALN (Armée de libération nationale), d'environ 110 hommes]. Quand ils ont débarqué, ils ont vu des fells qui se rendaient, des jeunes avec les mains levées. C'était une tactique, et, au coup de sifflet, ils se sont baissés. Ils avaient six mitrailleuses, et les collègues, ils ont été fauchés par le tir. Il y a eu 25 rescapés dans la compagnie, puis les renforts sont arrivés avec la Légion, les régiments paras, et la bataille a duré quatre, cinq jours. Au 9e régiment, en 58, nous avons eu une soixantaine de tués et des dizaines de blessés. »

Dans le régimcnt de Robert André, les pertes sont également importantes :

« Pendant l'année 58, ce régiment, le 18e RCP donc, a eu 38 tués et 110 blessés. Nous avons été sur le terrain deux cent cinquante-quatre jours ; nous étions pris en permanence dans un régime épouvantable de souffrances physiques (quand je suis rentré, je pesais 54 kilos pour 1,77 mètre). On vivait comme des chiens, on couchait sur le terrain, se passant le dentifrice avec les doigts, sinon les gencives saignaient ; on mangeait les rations de combat et, dans un régiment opérationnel comme celui-là, on était en déplacement permanent, deux cents kilomètres au nord, trois cents au sud. J'étais dans l'oasis de Negrine en plein mois de juin, et pourtant j'ai dix fois plus souffert du froid en Algérie que du chaud : nous roulions dans des camions des nuits entières, on a vu la neige en Kabylie au mois d'octobre, on a pris la pluie pendant des heures, à deux ou trois dans un trou avec interdiction de faire du feu. Parfois, en plein milieu de journée, je m'écroulais de fatigue et le radio me secouait : “ Mon lieutenant, le capitaine hurle dans le poste. ” Je ne savais plus où j'étais, si j'étais en Algérie ou en France. Je me disais : je ne vais pas tenir le coup, je vais claquer avant demain matin, et puis, le matin, la machine humaine repart. »

Sur les photos d'époque, André, avec son visage mince et son regard clair, semble l'archétype du para ; une image parfaite pour servir d'affiche de recrutement. Mais certains clichés trahissent aussi une immense lassitude.

Robert André :

« Comme les deuxième classe marchaient avec un

dévouement total, il fallait bien que l'officier montre l'exemple. J'ai toujours été ahuri de voir ces jeunes qui demandaient la quille, qui voulaient être libérés, faire un travail extraordinaire sur le terrain. Le matin, j'avais beaucoup de peine à me réveiller, et mes gars m'amenaient un quart de café bouillant ; jamais je ne me serais permis de donner un ordre pareil, mais ils le faisaient par gentillesse. »

Grégoire Alonso :

« On avait des chefs fantastiques, qui étaient bien avec nous ; on était libres, on parlait avec eux, on n'était pas obligés de saluer constamment. Dans les paras, on était différents des autres... Peut-être le parachute... Et puis la mentalité. On se serrait les coudes. »

Robert André :

« De ces mois, de ces années de souffrances, ce qui reste surtout, c'est une très grande amitié, une fraternité avec les hommes qu'on ne peut pas imaginer dans des circonstances autres qu'une telle guerre. Je sais que chez des camarades que je n'ai pas revus depuis trente ans, je pourrais arriver le soir, je serais accueilli. J'ai eu des nouvelles de certains de mes hommes très longtemps après la guerre. Voici quelques années, je travaillais tard dans une société, il n'y avait plus de standard ; le téléphone a sonné, j'ai décroché : c'était un de mes hommes. Il m'a dit : “ Je vais me suicider, je voulais vous prévenir, mon lieutenant. ” Il m'a fallu trois quarts d'heure pour le dissuader. Je lui disais : “ Avec le recul, on peut se tutoyer, je sais que tu es capable de commettre ce geste, mais, avant, j'aimerais qu'on boive une coupe de champagne ensemble et qu'on se retrouve. ” Il m'a rappelé trois semaines après et j'ai de nouveau perdu sa trace. »

Cette fraternité de la souffrance née des épreuves partagées, tous ceux qui à vingt ans ont vu la mort frapper à côté d'eux la ressentent avec autant d'intensité qu'André.

Grégoire Alonso :

« Nous avons eu des combats très durs. On a oublié que le FLN avait des Mauser avec des lunettes de visée comme nous, des mitrailleuses allemandes, des 303 anglais, des Stati italiennes qui provoquaient des dégâts fantastiques. On les reconnaissait parce qu'elles faisaient un bruit bizarre ; c'étaient des balles qui enlevaient un membre, qui faisaient des trous énormes, et le gars n'en réchappait pas. On s'en méfiait terriblement. Quand on entendait le bruit, on avait les oreilles qui se rabattaient.

L'aviation venait en appui. Quand on montait à l'assaut, les T6 passaient derrière nous (on avait des foulards blancs pour être reconnus) et ils venaient straffer à cent mètres devant nous. Les gars baissaient la tête. Puis on donne l'ordre de monter à l'assaut... et on part, on part... sous l'avalanche de balles, on ne s'en rend même pas compte ; on arrive au contact, on est comme fou. Fou. C'est après, après, quand le silence revient, un grand silence, on pense qu'on est passé au travers, par chance... c'est la chance, c'est tout. J'avais toujours peur, toujours l'appréhension de ne pas revenir. »

Alonso est au bord des larmes. Il regarde fixement devant lui, plongé dans son passé dont il a gardé une mémoire si précise et intacte.

« J'ai vu des camarades tués à côté de moi. Une fois, lors d'un ratissage, je me trouvais au milicu entre le lieutenant à ma gauche et un collègue à droite. On est arrivés dans une petite clairière ; j'ai glissé parce que c'était en pente. Trois fellouzes se sont levés : l'un m'a tiré dessus avec un fusil, mais la balle est passée à côté. Le copain, il a pris un tir de mitraillette et il est mort sur le coup. C'est épouvantable. Mais le gars qui se fait tuer sur le coup, on est impuissant. Le pire, c'étaient les blessés. On tentait l'impossible pour les sortir. Mais quand on accrochait le soir, l'hélicoptère ne venait pas la nuit. Et il fallait transporter les gars quand ils étaient transportables ; on les soignait avec des pansements individuels, mais souvent ils mouraient en cours de route. J'ai eu un camarade qui est mort comme cela dans l'ambulance lorsqu'on est arrivés, vers minuit. »

Alonso soupire sans cesse. Il répète souvent deux fois les mêmes mots, sans s'en rendre compte.

« Dans les paras, on ne laisse pas les morts, on va les chercher, mais on ne les laisse pas sur le terrain. On avait très peur de tomber dans une embuscade. On ne voulait pas être faits prisonniers, quitte à se suicider. On savait que, s'ils prenaient des paras, ils les tuaient tout de suite. Donc, on se battait jusqu'au bout, on continuait à tirer jusqu'à se faire tuer. »

Robert André est arrivé au 18e RCP en avril 1958. Son régiment est cantonné dans l'oasis de Negrine, au sud de la frontière tunisienne, bien loin des rumeurs, des manœuvres et de l'agitation d'Alger. Les officiers de l'armée d'Algérie, lassés de mener des actions qu'ils jugent inefficaces, aspirent à un régime qui leur donne les moyens de gagner la guerre. Ils se révoltent contre le personnel politique de la IVe République, coupable de préparer un « Diên Biên Phu diplomatique ». Cet état d'esprit est, semble-t-il, partagé sur le terrain par les jeunes officiers paras.

« Au moment du 13 mai, nous menions des opérations le long de la frontière tunisienne au bout de la ligne Morice, pour contrer les bandes qui franchissaient le barrage électrifié ; nous étions excédés parce que nous étions tirés depuis la Tunisie, nous avions des pertes et, après les accrochages, les unités de l'ALN se repliaient aussitôt sur la Tunisie. Les jeunes en avaient assez ; ils ne comprenaient pas pourquoi on n'avait pas le droit de poursuite, pourquoi on ne pouvait pas riposter quand on se faisait allumer. Alors, quand le 13 mai est arrivé, nous pensions que cette attitude changerait. Les gars en avaient ras le bol de cette manière de faire la guerre sans la faire. Je me souviens que le colonel nous avait réunis, nous, les officiers de réserve, pour nous dire qu'il se passait des choses à Alger avec Massu, qu'il était question du retour de De Gaulle, que peut-être le régiment aurait à bouger et, si certains d'entre nous n'étaient pas d'accord, qu'ils le fassent savoir dans la demi-heure, ils seraient mutés dans un autre régiment. Mais tout cela était très flou, car nous étions dans le Sud, très loin, et nous n'avions pas beaucoup de nouvelles.

Honnêtement, je crois que si on m'avait demandé de marcher ou plutôt de sauter avec mes hommes, sur Paris par exemple, j'aurais suivi. Nous en avions assez de cette IVe République où les politiques changeaient tout le temps et menaient la guerre d'une manière qui ne nous convenait pas. Plus tard, au moment du référendum de septembre 1958 sur la nouvelle Constitution, je me souviens qu'on allait dans les douars, on amenait les Arabes jusqu'aux bureaux de vote, femmes et hommes, car le FLN avait interdit d'aller voter. Mais en général, dans une unité opérationnelle comme celle-là, nous avions peu de contacts avec la population civile. On n'était jamais en ville, toujours sur le terrain et en zone opérationnelle. Il m'est arrivé de débarquer dans une mechta à 4 heures du matin en pensant qu'elle cachait des fells, et je me mettais à la place du pauvre vieux réveillé en pleine nuit qui voyait cette intrusion de soldats. »

Comme Jacques Bec, qui, à la tête de sa harka en Kabylie, affirme avoir toujours estimé ses adversaires militaires, Robert André défend une conception « chevaleresque » de la guerre. Ceux d'en face, qui ont le courage de se battre un fusil à la main, sont dignes de respect.

« J'ai vu des garçons extrêmement durs au combat qui aidaient ensuite les blessés fells. J'ai vu un de mes hommes laisser son sac de couchage à un blessé fell alors qu'il faisait très froid, et il a claqué des dents toute la nuit. J'ai discuté un jour avec un prisonnier, il s'était battu jusqu'au bout avec sa section, tous ses hommes y étaient restés. Lui-même était blessé. Je lui ai dit : " Mais pourquoi tu ne t'es pas rendu ? On n'est pas des sauvages, on vous aurait traités convenablement. " Et lui : " Tu sais, c'est la guerre, un jour c'est toi, un jour c'est moi. *Inch'Allah !* " En face, j'ai vu des lâches et j'ai vu des types très courageux. Quand le bon Français moyen ne voyait à l'époque dans l'Arabe qu'un pleutre ou un proxénète, cela me fait sourire. En face, il y avait des gars à qui je tire le chapeau ou plutôt la casquette. Nos adversaires inspiraient le respect, et pourtant, en Kabylie, nous avons eu des combats très durs.

Avec les blessés algériens, notre attitude était variable. Il est bien certain qu'au combat un gars qui était grièvement blessé pouvait être achevé par la voltige de pointe. Je l'ai vu, c'est la guerre, parce que le type n'avait aucune chance et qu'il était inutile qu'il souffre pendant une demi-heure seul sur le terrain. C'est vrai qu'une rafale de plus est souvent partie. Inversement, j'ai moi-même sauvé des blessés. Je me souviens de deux Algériens que j'ai sortis du fond d'une galerie de mine. Mes hommes étaient claqués et ils n'étaient pas heureux de les aider. L'un, le plus vieux, on l'a porté pendant quatre heures en montagne dans une toile de tente avant de l'évacuer par hélicoptère. »

Grégoire Alonso :

« On a fait des prisonniers. Quand j'avais le poste 300, j'en profitais pour le leur mettre sur le dos. Mais quand on s'arrêtait pour manger, je partageais ma boîte de ration avec lui. En fin d'opération, les prisonniers étaient donnés au 2e Bureau et on ne les voyait plus. Après, ce qu'ils devenaient... On savait qu'il y avait de la torture pour obtenir des renseignements. On savait bien que, quand un prisonnier était pris par le 2e Bureau, le jour suivant on avait une opération. C'est donc que le gars avait parlé. »

Robert André :

« Ce qui me pousse un peu à témoigner, c'est le ras-le-bol de tout ce qu'on nous montre depuis trente ans sur le para-torture. Je puis affirmer de la façon la plus solennelle que pendant tout le temps où j'ai servi dans ce régiment, donc jusqu'à la fin du mois de janvier 1959, je n'ai jamais vu un seul cas de torture, on ne se promenait pas en opération avec une baignoire. Je n'ai jamais vu d'exactions sur la population civile. Je ne dis pas que cela n'a pas existé, je ne l'ai pas vu. C'est salir la mémoire de camarades comme celui dont j'ai lu la lettre tout à l'heure que de montrer en permanence une seule vision des choses. »

Il s'emporte, son débit, si lent jusqu'à présent, s'accélère.

« Et puis, torture ou pas torture, pour moi, il n'y a pas de guerre propre, pas de guerre sale. J'avais neuf ans en 1944 quand j'ai vu de malheureux jeunes Allemands dans la vallée du Rhône ; ils avaient été fusillés, ils étaient torse nu, pieds nus, avec leurs papiers sur la poitrine. L'un qui tenait un chapelet entre les mains me semblait très jeune ; il fallait vraiment qu'il soit jeune pour qu'il le paraisse à un gamin de neuf ans. Dans cette région, ce genre de crimes est arrivé très souvent. Cela n'empêche pas que, dans la Résistance, il y avait des gens extraordinaires ; mais des dérapages, il y en a eu aussi. »

Pas une seconde on n'imagine Robert André maniant la gégène. Aurait-il pu, mis en « situation », torturer ?

« Je crois que cela m'aurait été très difficile. Cela

dit, contre le terrorisme... J'aurais été à Alger, je ne crois pas que j'en aurais été capable, mais je reconnais qu'il y a des moments obligatoires. C'est la guerre. C'est la guerre qui est elle-même épouvantable. Si vous avez en main des gens qui savent où des bombes vont exploser le lendemain, n'importe qui peut se poser des questions. Que faire ? Laisser les bombes exploser ? Torturer ? C'est une question de technique pour désamorcer les attentats. Mais ce qui a été bien plus répandu, hors des régiments paras, dans des secteurs où les gars étaient mal encadrés, isolés, c'étaient des actes de sadisme par peur, par lâcheté. Et cela, c'est beaucoup plus grave. »

Personne ne peut mettre en doute la parole de Robert André lorsqu'il affirme n'avoir jamais vu au 18e RCP, entre avril 1958 et janvier 1959, un seul cas de torture. Il défend son honneur et celui de ses camarades avec vivacité. Que les exactions et les sévices n'aient pas été le monopole des régiments parachutistes semble malheureusement incontestable. Le récit de Manin est là pour le confirmer. Et André n'a pas tort de souligner que, dans des unités moins bien contrôlées, la violence gratuite et sadique n'avait même pas la justification, souvent avancée, de l'efficacité.

Robert André, lui, ne justifie rien. Il essaie de restituer avec sincérité ce que fut vraiment *sa* guerre. Et, pour ce lieutenant para, ce ne fut pas un joyeux baroud, mais un voyage au bout de la souffrance :

« En face, ils ne faisaient pas de cadeaux, surtout aux paras. Je n'ai jamais vu d'exactions sur des soldats français, mais je savais que cela existait puisque, avant mon arrivée, une section de notre compagnie était tombée dans une embuscade. Les hommes ont été coiffés par un nombre important de fells bien armés qui ont vraiment nettoyé cette section. Il s'est bien passé dix minutes avant que que les renforts puissent arriver et, effectivement, ils étaient déshabillés... Ce fut très dur... »

Il hésite à poursuivre, semble de la main chasser une image devant ses yeux.

« ... émasculés... vous voyez... Ils ont été... Les corps étaient mis à nu et... dans un état... pas simplement par barbarie, mais pour frapper l'imagination et terroriser. Il y a eu un survivant qui avait réussi à se dissimuler dans un fourré ; il a tout vu et il a raconté ensuite. Cette histoire était très présente dans le régiment, puisque les gars qui étaient arrivés juste derrière, ils étaient encore là. »

Démobilisé, Robert André rentre en métropole en janvier 1959.

« J'avais des camarades qui n'étaient pas partis, qui avaient réussi à se faire dispenser de service militaire, chacun avait continué sa petite vie, les surprises-parties. Là, on était déconnecté parce qu'on avait vraiment l'impression que les Français ne savaient pas ce qu'était la guerre d'Algérie. Ils s'imaginaient quelques fellagha, quelques fusils de chasse ; moi, j'avais vu, dans une opération, jusqu'à 22 avions nous appuyer. Ce n'était pas rien, ce n'était pas une petite guérilla. Les gens ne se sentaient concernés que quand un membre de la famille partait. J'ai vraiment eu le sentiment que tout le monde avait envie de se débarrasser de l'Algérie le plus vite possible.

J'étais très secoué physiquement, mais psychologiquement aussi. Je n'avais pas de travail, je n'avais fait que des études secondaires. Un mois après mon retour, j'ai reçu une lettre des impôts me réclamant 950 francs sur ce que j'avais gagné en Algérie avec ma solde d'officier. La nation s'occupait de moi ! Je ne savais même pas ce qu'était un percepteur. J'ai piqué une belle colère. Compte tenu des pertes que nous avions eues au 18e RCP sur l'année 58, je considérais que l'impôt du sang avait déjà été versé.

J'ai beaucoup galéré pour arriver à faire mon trou. J'avais beau avoir été lieutenant deux barrettes dans les paras, il fallait restreindre mon ambition. J'ai commencé par décharger des camions de verre à Lyon, j'ai toujours les cicatrices sur les mains. »

Il montre ses paumes striées de barres blanches.

Grégoire Alonso a également du mal à se réinsérer :

« Quand je suis rentré, il n'y avait pas de boulot pour moi dans mon entreprise. J'étais en colère. Et puis j'ai réussi à trouver un emploi dans une autre boîte, j'ai repris une vie normale, et c'est en me mariant que je suis parvenu à oublier un peu. La principale préoccupation, à ma libération, c'était d'oublier, d'oublier la guerre. Mais j'ai toujours des flashes dans la tête. Des flashes où j'ai failli y passer, des flashes des copains morts. On se demande pourquoi finalement, pour quelle raison, pour rien en fin de compte. On avait vingt ans. On nous a dit d'aller là-bas, on y est allés, on a fait notre devoir. Para ! Para fier. Fier d'être para. On avait la plaque à vélo. On avait fait nos sauts. On était à part. Soi-disant à part. Et puis, dans la vie civile, on a dit que les paras, c'étaient des tortionnaires. Alors moi, j'ai fermé ma gueule. On a fait un black-out sur la guerre d'Algérie. Mais, aujourd'hui, il faut en parler, même si c'est douloureux. Des gens ont donné leur vie ; d'autres ont été mutilés. Il faut en parler parce que certains camarades sont au bord du gouffre. On a un droit, un droit, oui. »

Alonso est ouvrier chez Neyrpic dans la banlieue grenobloise. Dans la cour de l'usine, un monument aux morts rappelle, aux côtés des morts des deux guerres mondiales, que deux ouvriers de l'entreprise ont été tués en Algérie.

Robert André, lui, occupe un emploi important dans une grande entreprise ; son travail l'amène à voyager beaucoup. Même si la voix reste calme et le ton posé, on sent sourdre chez lui une forte indignation lorsqu'il évoque la fin du conflit algérien :

« Depuis la guerre d'Algérie, je n'ai jamais pu me situer à gauche ou à droite, j'ai été cassé dans mon esprit et j'ai gardé la plus grande méfiance pour les politiques et les médias. Pour bien situer mon état d'esprit, je n'ai jamais eu la moindre haine vis-à-vis des Algériens, et aujourd'hui je trouverais un groupe d'imbéciles tapant sur la figure d'un Algérien pour la couleur de sa peau, j'espère que j'aurais encore le courage de m'interposer. Mais je n'ai pas compris cette fin de guerre d'Algérie. La guerre s'est terminée dans un fiasco épouvantable. On a laissé les mains libres au parti le plus dur. C'était une utopie de vouloir l'Algérie française, mais, après cent trente ans de présence, on avait le devoir de donner une forme d'indépendance où la démocratie soit respectée, sans parti unique. Je ne suis pas sûr que le paysan algérien ait gagné au change. De Gaulle, je reconnais sa grande intelligence, mais enfin la guerre a duré plus longtemps sous de Gaulle que sous la IVe République, et les morts civils et militaires, les souffrances ont été plus grandes avec lui. Cette guerre était inutile, puisque la solution finale a été celle qui était demandée en novembre 54. »

Robert André reconnaît avoir fait une guerre inutile. Ses hommes, qu'il a vus tomber à ses côtés, seraient donc morts pour rien ?

« Souvent, je me le dis. Quand je roule seul en voiture, je revois des camarades que j'ai connus, je les revois plaisantant, souriant, cela m'arrive très souvent de penser à eux. Quant à moi, j'ai appris à mieux connaître l'être humain dans des conditions difficiles. Lorsque, plus tard, j'ai eu des moments difficiles, d'en avoir bavé me permettait de remettre les choses au point. Je crois que dans les périodes cruciales, effroyables même, il faut essayer d'en tirer quelque chose. Pour moi, la guerre d'Algérie a été l'expérience la plus forte de ma vie, c'est vrai. »

Alonso, qui avant l'armée chantait volontiers du Bécaud, y a renoncé.

« C'était fini. Déjà, à la section, on me disait de chanter, et je chantais *J'avais un seul ami*, la chanson de Bécaud. Chaque fois qu'on avait un accrochage, on en perdait un ou deux. Après, j'ai refusé de la chanter. C'était fini. »

Comme bien des gusses, Alonso a laissé son insouciance juvénile en Algérie. Gaétan Esposito, qui le connaissait bien « avant », le confirme :

« Alonso c'était un copain d'école, d'apprentissage également. On a travaillé ensemble. C'était un garçon joyeux qui chantait, blagueur, boute-en-train. On avait du plaisir à être avec lui parce qu'on était sûr de s'amuser. Eh bien, Alonso, qu'on appelait Zébi, Alonso, quand il est revenu du service, c'était plus le Zébi qu'on connaissait, c'était quelqu'un d'autre. Les moments de rigolade, il les arrêtait aussi vite qu'il les avait commencés. C'est un garçon qui est revenu traumatisé, oui. »

Gaétan Esposito mérite, lui aussi, qu'on s'attarde sur son itinéraire algérien.

9

La mamma

Gaétan Esposito est aujourd'hui propriétaire d'un petit magasin de peinture qui emploie sept salariés dans le centre de Grenoble. Une belle réussite sociale qu'on peut aisément mesurer à l'aune du chemin parcouru. Esposito, volubile et chaleureux avec ses faux airs de Montgomery Clift, remonte le temps dans le petit bureau de son entreprise :

« J'ai quelque chose qui ne m'a pas été offert ; j'ai travaillé, j'ai transpiré, j'ai rencontré mille difficultés. Mes parents étaient des immigrés italiens qui sont arrivés en France en 1932 sans connaître personne. Ils étaient illettrés. J'étais le seul enfant de ce couple, qui s'est débrouillé comme il a pu. J'ai été élevé dans un quartier pauvre, dans la misère.

J'ai vécu la misère. Mon enfance, c'était la misère. Mes parents travaillaient dans une usine qui fabriquait de l'eau de Javel, ils étaient manœuvres. Mon père est mort d'un accident du travail dans cette usine. J'avais cinq ans. Il avait la surveillance des cuves et, le soir, il devait fermer les robinets. On n'a jamais su s'il a été pris de malaise à cause des émanations de gaz. Toujours est-il qu'en enjambant il est tombé dans la cuve de Javel, il est donc mort, noyé, brûlé. Ma mère, qui travaillait de l'autre côté d'une cloison, n'a pas été informée. Elle est venue me chercher normalement à l'école et... J'ai une vision très claire, très nette : lorsque nous sommes arrivés chez nous, nous montions les escaliers, et les gens de l'usine sont arrivés derrière nous portant mon père sur un brancard. Je me suis retrouvé donc seul avec ma mère qui ne parlait pas le français. Toute mon adolescence, toute ma jeunesse ont été marquées par cette misère. Il a fallu survivre. »

Ce drame familial qui semble issu d'un roman populiste du XIXe siècle paraît bien éloigné de la guerre d'Algérie. Et, pourtant, la vie entière de Gaétan Esposito va être façonnée par ce malheur. L'existence entière du petit orphelin se structure dans sa relation à sa mère, la mamma italienne.

« Ma mère m'a inculqué l'idée que, pour m'en sortir, il fallait me battre. A l'école, je me suis accroché. J'ai passé le certificat d'études à cette époque ; j'ai passé plusieurs concours pour entrer en apprentissage et je suis entré dans une école qui payait les élèves. On avait un salaire. Je gagnais 3 000 anciens francs par mois. Tous les mois, j'arrivais chez moi avec mes 3 000 francs et, en même temps, j'apprenais un métier d'ajusteur-outilleur. Quand j'ai été appelé en Algérie, j'avais donc un métier. Jusque-là, je ne m'étais pas senti concerné par ce qui se passait là-bas. Je suis né en 41, donc, au moment où la guerre a commencé, j'étais à l'école primaire. Je voyais cela de très loin. Et on se disait que cette guerre n'était pas pour nous, qu'elle serait finie lorsque nous arriverions à l'âge de la faire. Je me souviens de la manifestation de Grenoble. J'avais quinze ans. Je n'y suis pas allé, je n'étais pas concerné.

Je pratiquais beaucoup le sport ; c'est un peu ce qui m'a sorti de mon quartier, qui était un quartier mal famé où j'aurais très bien pu mal tourner. J'ai des copains qui sont devenus des voyous. Moi-même, j'étais un peu voyou de quartier, bagarreur, révolté.

Et puis, un jour, j'ai été convoqué pour mes trois

jours. J'ai fait valoir que j'étais soutien de famille – je comptais faire mon service près de chez moi, parce que les soutiens de famille ne partaient pas en Algérie. Et, en effet, j'ai été incorporé à Grenoble au 4e génie, mais ensuite je suis quand même parti en Algérie. J'ai vécu ce départ comme une injustice profonde. Le drame, c'était ma mère qui s'est retrouvée toute seule, qui ne savait ni lire ni écrire, qui ne connaissait rien, qui n'avait personne pour l'aider, pour l'accueillir.

On m'avait dit : si tu es gradé, tu gagneras du fric. On avait besoin de fric, on vivait à crédit chez le boulanger, chez l'épicier. Donc, j'ai fait le peloton d'élèves gradés et je suis sorti caporal, puis caporal-chef. La plupart des collègues qui avaient suivi le même cheminement, la même instruction, qui n'étaient pas meilleurs que moi, ont été nommés sergents à Grenoble. Et moi, je suis resté caporal et je suis parti. »

Plus tard, bien plus tard, Gaétan Esposito comprendra pourquoi un soutien de famille comme lui n'est pas resté en Métropole. Trente ans après, il hésite encore avant d'avancer son explication.

« Quand j'étais au centre d'apprentissage, j'étais dans un syndicat. Nous étions pris en main, et moi, j'ai été pris dans cet engrenage et je me suis retrouvé au Parti communiste. Je n'étais pas politisé, c'était un environnement, une famille, si vous voulez. Mais beaucoup plus tard, lorsque j'étais en Algérie, un copain qui était au bureau de la compagnie, où il gérait les fichiers, m'a dit que j'étais fiché. Je suis tombé des nues, complètement. Mais je n'ai aucune preuve.

Je suis donc parti caporal-chef, mais j'avais une espèce de statut de sous-officier. J'avais une solde de sous-off, je partageais une chambre. J'envoyais l'argent que je gagnais à ma mère – cela devait faire à l'époque 400 francs, qui l'aidaient beaucoup. Je gagnais à l'époque autant qu'elle.

J'ai atterri tout à fait au sud, le long de la frontière marocaine ; il n'y avait pas d'eau, la vie était dure, mais mon souci permanent c'était ma mère, seule à Grenoble. Cela me minait d'un côté et me motivait de l'autre. C'est ce souci qui m'a permis de tenir, qui m'a évité de faire des conneries. J'avais très envie d'en faire. J'ai tenu mon rôle, j'ai assumé ; je tenais à revenir chez moi la tête haute, par respect envers moi-même, et surtout par respect vis-à-vis de ma mère. »

Sa mère, unique objet des préoccupations d'Esposito, attend de ses nouvelles.

« Ma mère, je le répète, ne savait ni lire ni écrire. C'était la voisine qui lisait mon courrier. Et, bien entendu, quand j'écrivais, j'écrivais d'abord à cette voisine – il existait entre nous une sorte de complicité : le premier paragraphe, où je racontais des histoires en fait, était pour ma mère ; dans le deuxième, pour la voisine, je racontais la vérité, je racontais vraiment ce que je faisais. Mais, pour ma mère, j'étais responsable d'un garage où on réparait les camions. Là où nous étions, il y avait un étang, des fleurs partout, des palmiers, c'était fabuleux. Et moi, je faisais des photos, au bord de l'eau, à côté des gros bouquets de magnolias. A voir ces photos, on ne pouvait pas dire : mon fils est en Algérie, il fait la guerre. Régulièrement, je refaisais des photos au même endroit, jamais dans la même tenue. »

Sur des clichés dont les couleurs commencent à passer, Gaétan Esposito, souriant, en manches de chemise, a l'air d'un vacancier du Club Méditerranée. Ou encore, juché sur de gros camions, il plonge dans le moteur, une clef à molette à la main. Au dos, pour sa mère, il commente : « Tu vois, petite mère, je suis toujours lancé dans la mécanique. Ne te fais pas de souci pour ton fils qui t'aime beaucoup. Grosse bise. » Et encore : « Je viens de réparer un camion et on est allés se promener avec un copain. » Et celle-ci : « Je suis en plein travail. Je répare des camions. » Cette mise en scène atteint son but. Nul ne peut imaginer que ce garçon part en opération, porte un fusil. Mais, aujourd'hui, Esposito a des doutes. Sa mère a-t-elle vraiment cru à son roman-photo ?

« Je crois qu'elle a fait beaucoup d'efforts pour accepter ce que je voulais lui faire croire. Mais elle a vécu tout ce temps avec des mères qui avaient des enfants en Algérie, elle entendait des commentaires, alors je ne sais pas si elle a cru jusqu'au bout aux histoires que je lui racontais. Moi aussi, je recevais des courriers — c'était la voisine qui écrivait ; je me demandais sans cesse : est-ce qu'elle travaille, est-ce qu'elle est malade ? Et, lorsque je recevais les lettres, j'avais le droit de me demander si celles-ci n'était pas fausses. Car, quand je suis rentré et que j'ai revu ma mère, je ne l'ai pas retrouvée comme je l'avais laissée. Les lettres que j'avais reçues, qui me tranquillisaient, qui me rassuraient, étaient fausses, complètement fausses. En fait, la voisine jouait le même jeu avec moi. Elle me tranquillisait ; car si elle avait décrit vraiment l'existence de ma mère, elle savait que j'aurais pu faire des conneries. »

Dans son poste, le long de la frontière marocaine, Esposito est le seul sous-officier dont le nom ait une consonance italienne. Il prend ses repas au mess, où on l'a relégué en bout de table.

« D'un côté le cabo-chef, de l'autre le capitaine ; je n'avais pas tout à fait ma place, j'étais " déplacé " finalement, et on me le faisait sentir ; c'était le règlement et on l'appliquait : je mangeais comme le pitaine, on avait la même gamelle. Et puis, un jour, une discussion a éclaté et, au cours de cette discussion, un des officiers présents a dit : " Ce n'est quand même pas normal qu'un macare mange ici. " A l'époque, les Italiens, on les appelait " macares ", pour macaroni, comme aujourd'hui on dit les bougnoules. Nous avions une étoile sur la tête, et j'étais le macare du mess. J'ai très mal réagi, d'une façon violente ; et ce geste a été lourd de conséquences pour moi. Ensuite, j'étais désigné quand il fallait un groupe pour une opération : par exemple, la corvée d'eau. Il fallait prendre un camion citerne et faire cinquante kilomètres sur une route isolée, et on rapportait la flotte sans être accompagné. »

Comme Esposito, les appelés vivent au rythme de l'arrivée du courrier.

« Des garçons étaient complètement paumés ; au bout d'un certain temps, les gusses étaient déboussolés. Ils n'avaient pas d'autre point de repère que le courrier. C'était un coin tellement perdu que leur motivation, c'était le courrier. Comme nous étions détachés dans une section isolée, éloignée de la compagnie, le courrier n'arrivait pas tous les jours. On pouvait rester une semaine sans courrier. Eh bien, pendant ce temps, les gusses devenaient à moitié fous. Ils perdaient leur boussole, plus rien ne fonctionnait.

Les appelés que je commandais venaient d'un peu partout, des Bretons, des gens du Midi... Les Bretons avec les Marseillais, c'était curieux : ils ne parlaient pas de la même façon ; à la limite, ils n'étaient pas faits pareils. Les origines sociales étaient marquées. C'était pauvre. Il n'y avait pas d'intellectuels. Les garçons n'avaient pas les moyens intellectuels pour aller contre les ordres qu'on leur donnait : ils étaient conditionnés au commandement. Ils suivaient. »

Pour évoquer son retour en France, Esposito trouve presque les mêmes mots que René Donazzolo :

« Je suis revenu désabusé, déçu, j'étais différent.

J'étais devenu adulte – je l'étais avant, bien entendu. Je crois que j'ai été vieux très jeune, en fait, à cause de mes histoires de famille. Mais je crois que, quand je suis revenu de l'armée, j'ai été... j'étais un peu plus... un peu plus responsable. La guerre d'Algérie pour moi, ce fut un drame familial. On a oublié la guerre d'Algérie, mais moi, je ne peux pas oublier. Quand vous retournez chez vous et que vous constatez que la misère s'est installée, parce que la misère s'est installée chez moi, vous vous demandez ce que vous avez fait pendant ces deux ans ? A quoi cela a servi ? »

Le moment est venu de risquer *la* question :

« Vous vous souvenez du jour où vous avez retrouvé votre mère ? »

Esposito sourit en silence pendant un long moment avant d'éluder la réponse :

« Ah oui, complètement. Oui. Bonne question. Ah oui. »

Et il se tait. Ce sera tout. D'un geste de la main, il montre qu'il en parlera plus tard. Il évoque ses copains du quartier partis comme lui à la guerre et revenus marqués, troublés comme Alonso. Quelques minutes plus tard :

« Finalement, aujourd'hui vous savez comment votre mère a supporté votre absence ?

— Je vais vous dire : elle en est morte. »

Il marque un silence.

« Lorsque j'ai été libéré, j'ai retrouvé quelqu'un de malade qui s'est accroché un temps, et puis finalement... elle est morte. »

10

Le repas des chasseurs

« On avait le fameux bœuf miroton, tu te rappelles, la viande en sauce, sans arrêt ?

— Tant qu'on était au camp... »

Ils sont quatre autour de la table de ce petit restaurant de Pont-de-Claix, dans la banlieue grenobloise. Raymond Didier, Bernard Mol-Roguicr, René Perrin et Robert Zanoni. Quatre qui se sont connus voilà plus de trente ans. Ils ont fait la guerre d'Algérie ensemble, dans le 6e bataillon de chasseurs alpins. Une guerre dure, éprouvante. Ensemble, ils ont crapahuté, souffert. Ils se sont aussi beaucoup amusés. Dès qu'ils se sont retrouvés, les souvenirs, les anecdotes sont revenus ; ils parlent entre eux comme s'ils s'étaient quittés la veille, oubliant les gens qui s'agitent autour d'eux. Ils sont trente ans en arrière, dans leur guerre. Vingt-cinq mois sur les pitons de Kabylie, cela ne se raconte pas en quelques instants, ne se résume pas en deux formules. Il faut prendre le temps d'écouter. La guerre n'est pas emplie que de hauts faits guerriers. Il y a l'attente, l'isolement, le temps à tuer, les copains avec lesquels on partage les grandes souffrances et les petits plaisirs, les moments intenses et les heures vides — avec qui on partage également l'ordinaire.

« Cela nous arrivait souvent de ne manger que les boîtes de ration », reprend Zanoni, qui ajoute, perplexe : « Il y a un truc dont je ne me souviens plus, est-ce que j'ai mangé de la salade en Algérie ? Je me suis toujours posé la question. »

Didier s'adressant à Mol-Roguier :

« Vous mangiez des sortes de chardons ?

— C'étaient des chardons, mais sans piquants. »

Zanoni poursuivant son idée :

« La salade, je n'ai pas de souvenir de salade. »

Bernard Mol-Roguier :

« On avait vu des Kabyles qui mangeaient des chardons et on les avait ramassés.

— Et comment vous les faisiez cuire ?

– On les mangeait avec une sauce. Parfois, on versait du piment dessus. Ce n'était pas mauvais parce qu'il n'y avait pas de verdure. »

Zanoni, toujours dans son idée fixe :

« J'ai eu récemment un problème de santé et on m'a demandé si j'avais mangé du cresson en Algérie. Mais je n'ai pas de souvenir, ni de cresson ni de salade. »

Bernard Mol-Roguier :

« Dans votre compagnie, vous deviez faire comme nous quand vous n'aviez plus de viande. »

Raymond Didier, perplexe, caresse sa calvitie :

« Nous, on avait la boîte de ration. Quand le ravito était fini, c'était fini.

– Vous étiez moins doués que nous alors, reprend Mol-Roguier. Nous, le capitaine mobilisait la compagnie et on allait faire une battue au sanglier.

– Ah oui, du sanglier, on en a mangé souvent...

– C'était l'opération sanglier. »

Raymond Didier :

« C'était uniquement en opération. Si on rencontrait du gibier, on le ramenait.

– Ah ! non, non, nous, on déclenchait spécialement l'opération, l'opération sanglier. Une fois, on en a tué sept ou huit. Tu ne te souviens pas ? insiste Mol-Roguier, tourné vers Perrin.

— Si, si, je me rappelle. Mais nous, on n'était pas souvent au camp, hein.

— Moi, j'aimais mieux quand on était en opération que quand on était au camp...

— On avait les boîtes de ration ; certaines étaient pas mal... Les boîtes de ration musulmanes...

— C'était les meilleures.

— Il y avait de la sardine dedans.

— Elles avaient été faites après les boîtes de ration européennes.

— Les rations européennes, elles dataient de la guerre de 14, précise Zanoni.

— Pas de 14, mais d'Indochine, corrige Mol-Roguier.

— Tandis que les musulmanes étaient plus fraîches.

— Les cigarettes, à l'intérieur, étaient complètement pourries. C'était de la mousse. Il y avait la bouteille de pinard..., reprend Didier.

— C'était du pétrole...

— Oui, c'était du pétrole. Pour se rincer la bouche, ça allait bien, mais il ne fallait pas descendre plus bas.

— C'était pour soigner les caries...

— On mettait ça dans l'eau pour la purifier. »

Les quatre hommes se taisent quelques instants, absorbés dans la contemplation de leurs assiettes.

« Vous vous souvenez du troupeau de moutons qu'on avait récupéré...

— Ah ! la comédie pour les ramener...

— Je me rappelle ce cirque. Il y en avait bien une centaine.

— A peu près, ils étaient en zone interdite. »

Zanoni, qui, depuis son interrogation initiale sur la salade, n'a pas beaucoup parlé :

« Je repense au corned beef. C'était immangeable, complètement gelé en hiver. La boîte, c'était un bloc de graisse. On n'avait rien pour la faire chauffer. Et en opération, on n'avait pas de pain.

— Oui, parce que vous étiez isolés, vous, hein, la première compagnie...

— On était complètement isolés à vingt-deux kilomètres de Michelet. Alors on fabriquait notre pain.

— Nous, on était à huit kilomètres.

— On était vraiment isolés. Ils amenaient le courrier avec le Piper.

— Le Piper. Il passait tous les jours, il nous lançait le courrier. On n'avait aucun contact avec la population.

— Nous non plus. La population européenne, il n'y en avait pas.

— Les Européens, c'était nous. »

Raymond Didier :

« Le seul contact avec les Européens, c'était l'hôpital Sainte-Eugénie. C'était un hôpital qui recevait aussi bien les Français que les Algériens blessés au cours des combats… »

René Perrin :

« Moi quand j'ai été blessé, j'ai été évacué là-haut, à Sainte-Eugénie. C'était le soir, au mois de février. L'hélicoptère ne venait pas ; ils m'ont porté là-haut sur un brancard. Vous avez mis six heures pour arriver à l'hôpital. »

Bernard Mol-Roguier :

« Quand tu as été blessé, je m'en souviens comme si c'était hier.

— C'est vrai, tu étais là, toi, Bernard.

— Tu as été blessé comment ? Tu t'en souviens ?

— C'est un rebelle qui m'a tiré dessus à bout portant.

— Oui, mais où ?

— C'était en dessous de Fort-National.

— Oui, mais où as-tu été touché ? Dans l'épaule ?

— Oui, dans l'épaule. Je marchais comme cela, de côté. »

Il se tourne à moitié pour indiquer sa position. Mol-Roguier, un sourire goguenard aux lèvres :

« Non, tu reculais. Tu avançais, mais en reculant. Je m'en souviens bien. Il y avait un buisson très épais. On a dit : “ Tiens, on va faire passer Perrin, le bulldozer devant. ” Et mon Perrin, il avançait, mais en tournant le dos au buisson à cause des branches. C'est là que tu as été blessé.

— Moi, je me rappelle que j'étais de biais, comme ça. Et après, ils m'ont ramené à Sainte-Eugénie. »

Ainsi apprend-on, au détour d'une conversation entre quatre anciens d'Algérie, qu'il a existé au cours de cette guerre cruelle un hôpital préservé où l'on accueillait les blessés des deux camps. Un *no man's land* protégé.

René Perrin :

« C'étaient des sœurs qui géraient l'hôpital ; elles soignaient aussi bien les appelés que les fells. Mais on n'avait pas de contacts. Moi, j'avais ma chambre, et il y avait un dortoir avec 26 fells. Le chirurgien était un appelé qui faisait son temps. Il opérait tout le monde. On laissait les fusils devant la porte.

— On n'a jamais rien fait là-haut. On n'y a jamais touché.

— Y a jamais rien eu ni d'un côté ni de l'autre. »

Perrin reprend :

« Quatre ou cinq jours après l'opération, quand j'ai réalisé ce qui m'arrivait...

– Tu as dit : ça y est, je suis prisonnier des fells, plaisante Didier.

– Je savais que c'était pas gardé, alors j'ai demandé à la sœur d'être évacué sur Tizi-Ouzou. Elle m'a dit : “ Mais vous n'avez rien à craindre ici !... ”

– Je me souviens de cet hôpital, parce qu'en revenant d'une opération on avait été rendre visite à un gars qui avait été opéré de l'appendicite. On s'est arrêtés pour lui dire bonjour, et là on avait rangé nos fusils dehors. On était entrés voir notre copain. Il était entouré de fellagha qui avaient été blessés au cours des accrochages. On était drôlement étonnés. »

Bruno Enrietti a également été soigné dans cet hôpital. Dans son langage fleuri, il confirme cette étrange cohabitation :

« L'hôpital était tenu par des frangines, donc, des sœurs. On me débarque là-bas pour passer la nuit. Ils m'ont balancé dans un pieu. En face de moi, les lascars qui étaient alignés, c'étaient des gars du FLN. L'un avait pris une balle dans la joue, il avait une tête énorme. J'étais allongé là, sans surveillance, avec mes zigues à côté. Je ne brillais pas. J'ai passé la nuit sans dormir. J'avais le flingue à côté de moi. »

Aux côtés de Didier, Mol-Roguier, Zanoni et Perrin, il manque un cinquième homme, un joyeux drille qui a partagé leur vie sur les pitons de Kabylie. C'est Henri Girard, un gars de Pont-de-Claix qui a fait les quatre cents coups avec eux, courageux jusqu'à la témérité, au point de risquer sa peau pour aller chercher un camarade blessé. Avant de le retrouver au 6e BCA, Raymond Didier l'a bien connu :

« C'était un bon copain de jeunesse avant de partir à l'armée. C'était un bon vivant, un bon camarade, il aimait bien faire la fête. On se retrouvait le week-end. Il était maçon. »

Bernard Mol-Roguier :

« On était dans la même section. On est restés presque deux ans ensemble et au moins un an dans la même chambre. A l'armée, c'était toujours un bon vivant. Il aimait faire la fête. Enfin, ce qu'on pouvait faire comme fête à la compagnie. Il n'y avait pas beaucoup de distractions. Je me souviens, une fois, on partait en opération pour une journée ; on avait des ânes à la compagnie, avec Girard on les avait enfermés dans la chambre des adjudants. Mais on est restés trois, quatre jours dehors. En rentrant, la chambre était dans un état. Certains adjudants l'ont pris à la rigolade, d'autres moins bien. »

Raymond Didier :

« Je te dis, Girard, c'était un farceur.

— Les anciens d'Indo, ils étaient sympas, les histoires de grade, ça ne comptait pas. On était tous copains. Pour cette histoire d'ânes, le capitaine, il a rien dit.

— Avec les officiers appelés, les relations n'étaient pas toujours bonnes, surtout les aspirants.

— C'est vrai.

— Ils avaient fait six mois d'école. Ils croyaient tout connaître. On leur avait enseigné la discipline.

— Ils se croyaient encore à la caserne.

— Par contre, avec les engagés, les adjudants, c'était très bien. Quand on rentrait d'opération, pour soulager un peu les appelés qui étaient de garde, les adjudants prenaient leur tour.

— Cela créait une ambiance. Et des gars comme cela, en opération, on était obligés de les suivre.

— Et puis, c'étaient des gars, ils étaient sûrs sur le terrain. Ils avaient l'habitude du combat.

— Bien souvent, ils nous disaient : laisse-moi passer devant, c'est mon boulot...

— Ah ! oui, oui, ils le disaient souvent.

— Plusieurs fois, mon chef m'a dit : " Tu es appelé, reste un peu derrière, je vais voir devant. "

— On avait confiance. On était sûrs. Quand cela fait un certain temps qu'on est dans le coup, on arrive à devenir des professionnels, sans l'être... des baroudeurs, pratiquement. Bien sûr, on n'était pas des Rambo...

— On devenait comme ça parce qu'il fallait tirer le premier — il n'y avait pas de cadeau. On était toujours en embuscade, donc il fallait avoir l'œil et l'oreille.

— Faut dire une chose, à la fin, on connaissait le terrain aussi bien que les fells.

— C'est ce que je te dis, on était des professionnels. »

Mais ils sont réunis là pour parler d'Henri Girard, leur copain de régiment. C'est sur sa tombe qu'ils se sont recueillis ce matin. La paix du petit cimetière n'est troublée que par le vacarme de l'usine Rhône-Poulenc toute proche, au point qu'on peut se demander si les dalles et les pierres n'appartiennent pas elles aussi au trust pharmaceutique. D'ailleurs, le matin, lorsqu'on a installé la grue télescopique qui autorise des prises de vues quasi aériennes, une escouade de surveillance a surgi comme un commando. Garant leurs voitures en travers de la chaussée, afin de bloquer le passage, les hommes chargés de la sécurité de Rhône-Poulenc, armés de talkies-walkies, vêtus de battle-dress, s'approchent avec des allures de baroudeurs. L'équipe continue de filmer, ignorant cette arrivée intempestive. Celui qui semble le chef, et qui s'est donné la dégaine d'un adjudant-chef, nous apostrophe. Tavernier soudain s'emporte, l'engueule vertement et le prie de ranger son bric-à-brac de garde-chiourme. Le directeur de l'usine, appelé d'urgence, s'aperçoit de la bévue, marmonne des excuses où l'on comprend vaguement qu'il craint l'espionnage industriel et promet de nous offrir du café. Les envahisseurs, assez piteux, remontent dans leurs véhicules. Cinq minutes après, une camionnette livre le café. C'est à cet instant qu'arrivent les camarades de Girard. Ils échangent des poignées de main, quelques propos simples emplis d'émotion contenue : que dire devant l'imbécillité d'une mort à vingt ans.

Plus tard, à table, ils ne parviennent pas à aborder le sujet qui a provoqué leurs retrouvailles. Depuis deux heures maintenant, ils font défiler des souvenirs, plongeant un peu plus dans ce passé qu'ils ont si longtemps enfoui.

Perrin, qui est aujourd'hui infirmier, se lance enfin et s'adresse à Mol-Roguier, le menuisier :

« Tu y étais, toi, pour Henri ? »

L'autre sent que le moment est venu, qu'après avoir épuisé la conversation sur la salade et les boîtes de ration il va falloir raconter cette journée qui remonte à plus de trente ans. Mais il traîne encore, ménage ses effets.

« J'ai tout vécu avec lui. On a tout fait ensemble. Et on en a fait quand même pas mal. La fois où on est allés chercher Poulet, il était blessé, coincé entre les fells et nous. C'est Girard qui m'a entraîné. S'il n'y était pas allé, je n'y serais pas allé tout seul. Et Poulet, il lui doit la vie. Et puis après, il y a eu... »

Il s'interrompt, jette un regard circulaire sur ses trois camarades pour s'assurer qu'ils sont bien attentifs. Ils ont cessé de manger et le fixent sans bouger. Il reprend :

« C'était au mois de janvier, la neige était tombée, il faisait froid. On participait à une grande opération. Comme on était chasseurs alpins, on nous avait donné le point le plus haut. Toute la compagnie était partie sur les crêtes. Avec Girard, on était dans un groupe qui était chargé de déblayer le terrain, en éclaireur. On était environ à une demi-heure de la compagnie, en avant. On était sept avec le lieutenant Guignard. C'était un appelé, ce lieutenant Guignard... Entre parenthèses, il avait passé une nuit dans les barbelés, ce lieutenant Guignard, parce qu'il voulait nous faire raser tous les matins, et nous, on n'avait pas bien l'habitude... Il voulait faire de la discipline. Alors, un coup, à la sortie du mess, on l'a attrapé, on l'a attaché dans les barbelés. Puis on a averti la sentinelle, on lui a dit de ne pas tirer à cet endroit parce que c'était Guignard qui se débattait dans les barbelés. Au milieu de la nuit, on est allés le chercher... On n'a rien eu... Enfin, bref... »

Mol-Roguier, avec un art consommé du récit, avance à coup de digressions :

« On était là en position avancée. Et puis on reçoit l'ordre de monter sur un piton qui était devant nous. Alors je dis à Henri : “ Pour monter, je vais ôter ma parka. ” Je me penche en avant pour l'enlever, et, d'un seul coup, une explosion ! Je pense : ça y est, on est attaqués. Je me suis dévêtu et j'ai fait ce qu'on fait dans ces cas-là : j'ai pris mon arme et j'ai tiré. N'importe où, mais on tire. Rien du tout, pas un bruit, pas une détonation. Je me retourne : Girard était moitié mort. J'appelle. Personne ne répondait, tout le monde était blessé. Il n'y avait que moi qui n'avais rien. Henri, il était à cinquante centimètres de moi, pas plus. On venait de manger ensemble. Alors je me suis penché vers lui, je l'ai retourné et j'ai vu que c'était une de ses grenades qui avait explosé. Un accident. Une grenade qui s'était dégoupillée.

— Mais ses grenades, il les portait où ? interroge Zanoni.

— Il les portait accrochées au ceinturon, je ne sais pas comment elle a explosé. Je me suis retrouvé tout seul avec six blessés. Il y en a un qui commençait à saigner des oreilles, ce n'était pas bon signe. D'ailleurs, il est mort quinze jours plus tard de ses blessures. On était sur un piton, l'hélico n'a pas pu venir. On a descendu les blessés à dos d'homme. Moi, j'en ai pris trois sur le dos. Il y avait au moins cinq cents mètres de dénivelé. Je suis descendu, remonté, redescendu. On avait vingt ans...

— Et Henri, qu'est-ce qu'ils en ont fait ?

— Ils l'ont évacué sur Tizi-Ouzou. Il n'était pas encore mort. »

René Perrin :

« Ils ont ramené son corps deux ou trois mois après. J'ai assisté à ses obsèques. Il y avait une foule considérable. Je n'ai jamais vu autant de monde à un enterrement. Il y avait peut-être deux mille personnes. La mort d'Henri, je l'ai lue dans le journal. »

Raymond Didier :

« Voilà quelqu'un avec qui on a vécu pendant deux ans. »

Robert Zanoni :

« Eh oui, c'est l'armée qui nous a réunis. On était tous ensemble. »

Ils se taisent.

Puis Bernard Mol-Roguier :

« On était tout le temps ensemble, dans tous les coups. Quand il y avait une connerie à faire, on était toujours présents. Tu te souviens quand on avait piégé un obus fumigène. Avec Girard, on avait tendu un fil en travers de la route, et l'adjudant a tout déclenché. Grosse fumée. Alerte générale. Tout ça pour un adjudant qui allait boire un coup. »

Il s'interrompt un moment.

« On rit un peu maintenant. Pour se détendre. »

Le récit de la mort d'Henri Girard les a libérés. Ils parlent tous en même temps, alors que, tout à l'heure, ils semblaient figés. Mol-Roguier reprend la parole :

« Vous vous souvenez du grand virage avant d'arriver à la compagnie. C'est là qu'on tendait de fausses embuscades aux nouveaux. On se déguisait en Kabyles avec des djellabas. On leur avait dit : “ Dès que vous entendez un coup de feu, vous sautez des camions et vous vous éparpillez dans la nature. ” Un jour, j’étais déguisé en Kabyle, j’avais un fusil de chasse et je tire deux, trois cartouches en l’air. Mais un nouveau me voit et il fonce vers moi. Je n’allais quand même pas lui tirer dessus. Alors je me sauve et je me réfugie à la compagnie, toujours déguisé en Kabyle. Et lui, il arrive derrière en courant et se met à crier : “ Il y a un fell qui s’est caché dans la compagnie. ” A ce moment-là, j’avais eu le temps de me changer, j’arrive et je lui dis : “ Le fell, c’est moi. ” On s’amusait. Fallait bien passer le temps.

— C’était leur baptême du feu.

— On n’avait pas de distractions. Alors, chaque fois qu’un convoi arrivait, c’était bon pour l’embuscade.

— Ils devaient avoir une peur bleue.

— Oui, ils avaient vraiment peur. Mais il y avait des gars qui n’avaient pas le moral, qui subissaient. Eh bien, ils ne s’en sortaient pas. »

Raymond Didier :

« Quand ils ont été libérés, ils ont eu des problèmes. »

Bernard Mol-Roguier :

« Fallait pas subir. »

Zanoni à Didier :

« Toi, ça a duré combien de temps, tes problèmes ?

— Moi, c'est venu après. C'est quand j'ai été libéré. Tout ce qu'on avait vécu, ça me revenait. Et la nuit, je faisais des cauchemars.

— Tu sursautais dans ton lit ?

— Ah ! oui, pas de problèmes. J'étais toujours en embuscade.

— Tu étais toujours en embuscade ?

— Et voilà.

— Cela a duré combien de temps ?

— Une dizaine d'années, je peux le dire. C'est la vérité. »

Robert Zanoni :

« Combien de fois des gars ont craqué ! Tous les copains qui pleuraient pour un oui, pour un non. Je me souviens devant la crèche de Noël, on faisait la fête et puis, cinq minutes après, ils se foutaient sur la gueule parce que c'était la crise de nerfs. Ça craquait. C'était la séparation. La famille. Les nouvelles qui n'arrivaient pas toujours. C'est vrai que c'était dur. »

Mol-Roguier, assez fier de lui :

« Moi, je suis resté dix-huit mois sans écrire à ma famille. Pour savoir si j'étais mort ou vivant, ils ont carrément écrit au PC du bataillon. C'est le capitaine qui m'a forcé à écrire.

– Toi, tu étais devenu un professionnel. Mais celui qui gambergeait tout le temps, il n'avait pas le moral.

– Oui, il y avait des gars qui étaient plus fragiles que nous. Plusieurs fois, des gars rentraient d'opération sur les genoux. Ils pleuraient. On prenait leur sac et leur arme.

– Chacun son caractère. Ils n'avaient pas la même force. »

La municipalité de Pont-de-Claix a donné le nom d'Henri Girard à un square. La plaque de la rue qui le longe commémore le cessez-le-feu en Algérie le 19 mars 1962. Les deux plaques ne sont séparées que de quelques mètres. Ironie involontaire ? Hasard malencontreux ? Cette voie est une impasse.

Armes qui s'enrayent, mines qui sautent, tirs qui s'égarent, camions qui se renversent, grenades qui se dégoupillent. Comme Henri Girard, 8000 appelés sont morts par accident en Algérie. 8000 tués, soit un tiers des pertes. La sœur de Girard avait douze ans quand il est parti en Algérie, quatorze quand il est mort.

« La nouvelle nous est parvenue un jour à midi, pendant le repas. C'est le maire qui est venu avec un adjoint. Il venait de recevoir un télégramme. J'ai eu une réaction très très violente. C'était insupportable. On ne pouvait pas le croire. On ne pouvait pas l'accepter. J'ai eu sur le moment une douleur telle... Je ne pensais pas que cela puisse exister, qu'on puisse souffrir de cette manière. Ce fut pour moi une telle déchirure que j'ai encore beaucoup de peine à en parler actuellement. Cette mort a bouleversé ma vie en fait. »

Au dos de la dernière photo, prise cinq jours avant sa mort, où il figure aux côtés de son copain Mol-Roguier, Henri Girard avait écrit : « C'est un beau pays. » Il a été tué le 7 janvier 1959. Il avait vingt et un ans. Henri Girard est décoré de la croix de la valeur militaire avec deux citations.

11

Le silence de la montagne

Au pied du massif du Vercors, le petit village de Sassenage aligne, le long de ses rues tortueuses, des vieilles maisons en pierre à l'ombre de la paroi rocheuse qui masque le soleil déclinant. Ici, plus qu'ailleurs peut-être dans la région, on garde le souvenir vivace des combats glorieux menés par les résistants là-haut sur le plateau. C'est par la route qui passe devant le village que sont montés les convois de la Wehrmacht au mois de juillet 1944.

Alain Bœuf est de Sassenage. Pendant la guerre, à l'âge de cinq, six ans, il allait à l'école communale en bas de la bourgade. Aujourd'hui, à cet emplacement, on a construit un petit théâtre en rond, et c'est là qu'il a voulu que nous nous rencontrions. Son grand-père tenait le café sur la place. Des photos qui paraissent d'un autre siècle montrent la famille Bœuf au complet devant le café. Le grand-père était également maire de Sassenage, élu sous l'étiquette Front populaire. Pendant l'occupation, il ne s'est pas contenté de verser des petits blancs sur le zinc. Il était dans la Résistance. Un jour, les Allemands l'ont emmené. Il n'est jamais revenu de déportation. Sur d'autres clichés, également jaunis, on distingue un détachement de l'armée Patton qui rend les honneurs, après la Libération, sur la tombe du grand-père. Accroché entre ciel et terre, le cimetière n'a pas changé. Des tombes en plus, c'est tout.

Pendant quelques années, après la guerre, le café a continué d'exister, mais, plus qu'un débit de boisson, il était devenu une sorte de lieu de pèlerinage. La photo du maire résistant trônait sur la cheminée et les gens apportaient des fleurs. Alain Bœuf a grandi dans cette atmosphère, assumant un héritage qui a modelé sa vie. Il parle lentement, habité par son histoire familiale qui s'entremêle avec la grande.

« Souvent, quand on discutait avec des copains de chambrée, en Algérie, l'image qui me venait spontanément était que nous étions, nous, en Algérie, les troupes d'occupation et que les résistants étaient dans l'autre camp. Avant de partir, je baignais dans une sensibilité marquée à gauche, mais je n'étais pas du tout organisé ni militant. Ce n'était pas dans mon tempérament. J'avais une approche sentimentale, mais j'étais opposé à la guerre bien sûr. Lorsqu'il y a eu cette manifestation à Grenoble, je travaillais à la boucherie de mon père, cours Jean-Jaurès. Je ne savais pas qu'il y avait cette manifestation, mais la boucherie était à deux cents mètres des lieux où cela se passait. Je suis allé pour voir. J'avais dix-huit ans. Et puis, naturellement, je me suis joint aux manifestants. C'était violent et cela s'est terminé pour moi au commissariat. Je n'imaginais pas, en manifestant contre le départ des rappelés, qu'à mon tour je partirais. »

Comme Jean Manin, militant catholique rappelé en 1956, Bœuf s'est demandé s'il devait y aller. Mais, ainsi que Manin et pour les mêmes raisons, qu'il exprime avec les mêmes mots, il n'a pas refusé l'appel.

« J'avais dans mon entourage des gens qui ont choisi de ne pas y aller, qui sont partis en Suisse. C'était une attitude qui ne me convenait pas. Je pensais qu'étant sur place pour mener une toute petite action, c'était mieux que de ne pas y être. Il y a des situations où il faut faire face. C'est vrai que, dans ces moments-là, je pensais à mon grand-père.

Je suis parti à l'armée en septembre 1958, le jour de mes vingt ans, et, après mes classes, j'ai embarqué dans la nuit du 31 décembre. Quand on arrivait en Algérie, finalement, on était soulagé, parce que la traversée était tellement épouvantable que c'était une délivrance que de poser le pied sur la terre ferme. »

Pendant quelques mois, Bœuf est affecté sur la frontière tunisienne, puis son régiment part au sud des Aurès, dans la région de Biskra, à la limite du désert, au bord d'une palmeraie. Dans ce régiment de dragons est constitué un commando opérationnel où Bœuf est versé d'office. Il participe alors en permanence à de multiples opérations avec d'autres unités comme, parfois, la Légion ou les paras. Ce que fut cette vie d'un appelé hostile à une guerre qu'il est amené à faire aux avant-postes, Bœuf en parle sans plaisir mais sans dérobade.

« Même des gens peu enclins *a priori* à avoir des comportements violents, dans l'ambiance, dans le climat général, dans le travail psychologique qui était mené, dérapaient. Pour beaucoup d'appelés, c'était l'aventure. Venir en Algérie, c'était l'affaire de leur vie. Certains n'étaient jamais sortis de leur trou. Je pense précisément à une personne qui était volontaire pour toutes les saloperies. C'était un ouvrier agricole de la Sarthe. Il avait pris le train pour la première fois, le bateau pour la première fois. Et là, il vivait un feuilleton. C'était impossible de discuter avec lui, d'essayer de lui faire comprendre que, dans sa ferme, il n'aurait pas maltraité un animal comme il maltraitait les gens. C'était peine perdue. Le conditionnement était trop fort. Il y avait toujours les arguments massues... du général du même nom ; si tu n'obtiens pas des renseignements, ce sont tes copains qui vont se faire massacrer. Donc, si tu n'étais pas très motivé pour ces genres d'activités, tu passais pour un lâche, un faux frère qui mettait en jeu la vie des soldats français. Ce n'était pas facile. C'était un argument qui portait ; la plupart du temps, les gens arrivaient à justifier leurs actes comme cela. Mais le plus étonnant, c'est de trouver des gens qui prenaient un plaisir, un plaisir sadique à avoir ce type de comportement. Et c'étaient des gens qu'on rencontre partout dans la rue. »

Là, il faut resituer l'échange, imaginer le regard, mesurer les silences.

« Vous, personnellement, avez-vous été témoin de scènes où des appelés commettaient des actes de cet ordre ?

— Oui, oui. Il m'est arrivé, bon, d'assister... de façon partielle parce que je... je n'étais pas directement concerné... D'assister à des interrogatoires à la gégène. J'ai aperçu, oui, subrepticement, j'étais... Il n'était pas prévu que je le voie, mais je l'ai vu... Je l'ai vu, oui.

— Comment cela s'est-il passé ?

— Pour moi ?

— Cette scène que vous avez vue ? »

Bœuf hésite un long moment.

« C'était dans le PC du poste. On avait ramassé des suspects. Dans ces cas-là, on venait chercher des volontaires pour les interroger, et le plus étonnant c'est qu'il y en avait, y compris chez les appelés. C'est un peu la curiosité qui m'a amené à essayer d'en voir quelque chose, parce que je n'étais pas invité à y participer. Ce que j'ai vu, c'est ce qu'on peut imaginer. Des gens qui... qui se tordaient sous la douleur... Je ne suis pas resté. J'étais absolument impuissant et je ne voulais pas faire le voyeur. »

Bœuf se tait.

« Ce qui était beaucoup plus courant encore, c'étaient les violences gratuites au cours des descentes dans les villages. Là, cela dépendait de qui commandait le groupe. Certains officiers faisaient leur travail en professionnels, sans plus. Avec d'autres, cela dérapait sérieusement. J'ai le souvenir d'un adjudant-chef qui en rajoutait beaucoup. Un soir, en rentrant dans sa tente, il s'est jeté en travers de son lit parce qu'il était complètement soûl. Cela lui a sauvé la vie, parce qu'il avait une grenade sous son oreiller. La grenade avait été posée par un soldat. Le lendemain, au rapport, le capitaine a expliqué que les poêles à mazout étaient dangereux, qu'ils pouvaient exploser. Après, il y a eu une enquête, y compris dans le cantonnement. Heureusement, l'auteur n'a pas été retrouvé. Cet adjudant était un type assez odieux. »

Le soldat Bœuf, opposé à la guerre, pétri des idéaux de gauche, ne cherche pas à nier la contradiction dans laquelle il se débattait. Le secours moral, il le trouvait dans les discussions avec quelques proches qui partageaient les mêmes idées.

« Cela aide beaucoup de trouver quelqu'un à qui parler. Le fait que, dans un groupe comme celui-là, quelques éléments soient reconnus comme hostiles a probablement amené certains à se poser des questions. C'est tout. C'est peut-être présomptueux, mais c'est difficile à évaluer. Concrètement, il m'est arrivé dans les embuscades, en voyant arriver une patrouille du FLN, de lâcher une rafale de mitraillette en l'air, afin d'éviter l'affrontement. Après, j'ai été convoqué et j'ai mis cela sur le compte de la peur. Mais c'était un geste délibéré. Aujourd'hui, je peux le dire. C'est une petite chose, mais qui permettait de garder un état d'esprit, de poser les problèmes. Même si on n'est pas écouté, ce n'est pas inutile. Pour soi d'abord. »

Si l'on fait observer à Bœuf qu'en opération il est amené à tirer sur les rebelles, alors que, au fond de lui, il pense qu'ils ont raison, il écarte l'objection.

« Ce n'est pas très souvent que, dans une guerre comme celle d'Algérie, on tire en face à face sur des gens. On tire parce qu'on se fait tirer dessus. On fait du bruit, c'est de l'autodéfense. Le nombre de gens qui visent vraiment quand ils tirent est très faible. C'était vraiment comme si, avec les balles, on se faisait un mur de protection, dans un souci plus de se défendre que de tuer. D'ailleurs, je suis presque sûr de n'avoir ni tué ni blessé personne. »

Bœuf n'était pas un planqué, terré dans un bureau en attendant que la quille arrive. Il a crapahuté, monté la garde, ratissé. La guerre, il sait ce que c'est. Il a évité simplement de montrer un zèle suspect, un plaisir trouble devant la souffrance.

« Ce que j'ai découvert, d'abord, à l'armée, c'est que la stratégie, c'est d'empêcher les gens de penser. On les occupe à toutes sortes de trucs. On les occupe pour les occuper. On se trouve dépouillé de son temps. Entre les opérations, il y avait des moments de récupération. A quoi on passait son temps ? Cela dépendait des individus. Il y en a pour qui Kronenbourg était la référence permanente. Les rares semaines que j'ai passées avec la Légion, c'était fou. Pour aller au ravitaillement, à Constantine, il fallait traverser par les gorges d'El-Kantara, un lieu difficile où on passait sous escorte. Les légionnaires y allaient uniquement pour chercher des camions de bière. »

Peut-on résister longtemps dans une telle ambiance ? Bœuf soupire.

« On ne tient pas le coup d'abord. Ce qui aide, c'est de se réfugier en soi, c'est de s'enfermer un petit peu, notamment avec les livres. Les bouquins ont été très importants pour moi. C'est d'ailleurs à ce moment-là que je me suis mis à acheter des livres dans la Pléiade, parce que cela tenait moins de place. Deux auteurs m'ont aidé : Martin du Gard et Proust. Tant qu'à faire, autant en emmener un bon morceau, et cela ne tenait pas beaucoup de place dans le paquetage. J'écoutais de la musique également, j'achetais des 45 tours, j'avais un petit appareil. Quand je parle d'enfermement, c'est également que… rétrospectivement, il y a une chose que je regrette vraiment beaucoup, beaucoup. C'est que, pratiquement pendant les deux ans que j'ai passés en Algérie, je n'ai pas écrit à mes parents. Je ne voulais pas leur dire que ça allait, puisque ça n'allait pas. Je ne voulais pas non plus leur raconter ce que je vivais parce que je pensais que cela les inquiéterait. Ce dont je ne me rendais pas compte, c'est que de ne pas écrire les inquiétait encore plus. Par la suite, cela m'a beaucoup contrarié. J'en ai parlé avec eux et j'espère qu'ils ont compris. Ces non-dits m'ont rappelé une réflexion que je me suis faite à propos de mon grand-père. Quand il a été arrêté par les Allemands, il a été interrogé à Grenoble, puis il est parti rapidement en déportation. Il n'a jamais su que nous, nous n'avions pas été arrêtés. Je me suis dit que, dans son convoi de la mort, il pouvait avoir en tête que nous étions dans ce convoi ou dans un autre. Des gens dans des situations pareilles peuvent tout imaginer… On n'a pas le droit de laisser… Et moi, en Algérie, le fait de ne pas avoir écrit, c'est... C'est quelque chose qui est dur... Aujourd'hui encore. »

A son retour d'Algérie, en 1961, Bœuf tente de fuir cette guerre dont il ne parle pas. Il veut tirer un trait sur sa présence là-bas, mais la guerre, elle, ne se fait pas oublier.

« On dormait avec le pistolet mitrailleur autour du poignet. Ne plus l'avoir... On se sent à poil. La nuit, je ne sortais pas, je n'osais pas. »

Bœuf est retourné travailler à la boucherie paternelle, puis il fut peu à peu attiré par l'écriture, le théâtre. Quelques années plus tard, il deviendra journaliste. Il n'habite plus à Sassenage, au pied du Vercors.

César Delbello est de Sassenage lui aussi. C'est un grand gaillard, bâti en colosse. Nous avons rendez-vous dans un bistro de Sassenage, pas celui du grand-père Bœuf. Tout en parlant, il vide des demis de bière avec entrain. Avant l'armée, Delbello était chauffeur routier, il l'est redevenu après. Il milite à la FNACA et, lors du congrès départemental, il a trôné à la tribune. Delbello n'est ni politisé ni engagé. Pourtant, pour parler du FLN, il emploie presque les mêmes expressions que Bœuf :

« Les fellagha étaient comme les résistants pour nous en 39-45 ; ils avaient pris le maquis. Dans la Grande Kabylie, on n'était pas tellement dépaysés, les montagnes sont aussi hautes qu'ici, dans le Vercors. Ici les résistants ont combattu l'envahisseur, et là-bas, pour les Algériens, l'envahisseur, c'était nous. »

J'insiste :

« Vous qui êtes de Sassenage, cela ne vous gênait pas d'être dans la peau de l'envahisseur ?

– On nous avait envoyés. Nous étions obligés d'y aller. On était des soldats français. On nous envoie. On y va, c'est tout. »

Comme Bœuf encore, César Delbello a manifesté à Grenoble contre le départ des rappelés. Il y est allé parce que ses copains de Sassenage un peu plus âgés avaient reçu leur feuille de route. Sans se faire prier, Delbello reconnaît qu'il a participé aux bagarres. Il était du groupe qui a couché une grue sur la voie ; il a balancé des sacs de ciment sur les gardes mobiles. Son copain Gaston, avec lequel il milite aujourd'hui à la FNACA, était du côté des forces de l'ordre. Gaston a reçu le ciment de Delbello.

Deux ans après les échauffourées de Grenoble, César Delbello part à l'armée. Dans les paras. Il dit qu'il y a été versé d'office parce qu'il pratiquait le parachutisme civil. En tout cas, le manifestant déchaîné contre la guerre se retrouve dans la tenue léopard.

« Je suis fier d'avoir été béret rouge. Si c'était à refaire, je redemanderais la même unité. J'ai été affecté au 1er RCP. J'aimais bien l'ambiance, l'esprit de camaraderie qui n'existe pas dans les autres corps. On s'intègre tout de suite. Personne ne vous demande d'où vous venez, qu'est-ce que vous avez fait. Ce sont d'abord des régiments d'élite. Mais attention, même là, on n'est jamais content de faire la guerre. On y est parce qu'on y a été envoyé. Il fallait faire au mieux, mais on n'était pas vraiment motivés. Les officiers disaient : " Vous verrez, c'est pas grave, c'est du maintien de l'ordre. " Quand on a vu des camarades qui se faisaient descendre, on a compris que ce n'était plus du maintien de l'ordre. Nous étions toujours le premier régiment en opération. Grâce aux hélicos, ils nous emmenaient loin et on rentrait à pied, ce qui maintient la forme. C'était un régiment disciplinaire et, grâce à la discipline, on avait plus de chances de s'en sortir que d'autres. L'encadrement était meilleur, les officiers avaient plus de pratique sur le terrain. Nous avions une bonne entente avec les officiers. Moi, j'avais un capitaine, c'était un père. Il s'appelait Bigeard, comme l'autre. »

Delbello ne joue pas les héros. Il reconnaît volontiers avoir eu peur au combat, en particulier la première fois.

« C'était dans un oued en Grande Kabylie. On faisait un ratissage et, à un moment, j'ai levé la tête et j'ai vu au-dessus d'un rocher deux tubes noirs bien en face de moi. Un canon de fusil à quarante centimètres de ma tête. Il y avait un bon Dieu pour les paras ce jour-là. J'ai eu le temps de tirer avant, sinon je ne serais pas là aujourd'hui avec vous. »

Delbello a conservé un album entier de photos d'époque. On y découvre un jeune gars au regard clair dans un visage bien découpé et à la silhouette d'athlète dans laquelle on éprouve quelque peine à retrouver le quinquagénaire bedonnant d'aujourd'hui. Il commente les clichés d'une voix égale, teintée de nostalgie : des mechtas qui brûlent, Delbello au repos, Delbello faisant des haltères, Delbello revenant d'opération, méconnaissable, amaigri, le visage mangé par la barbe, les yeux fiévreux, soutenu par un de ses camarades dans un état aussi piteux que lui.

« C'était après une opération Tulipe, et notre section est restée onze jours bloquée. On n'avait pas d'eau pour se laver ni pour se raser. On avait à peine de quoi boire. Et quand on est descendus en base arrière, on était des loques, on n'avait plus de chaussettes dans les godasses tellement elles avaient été bouffées. On n'avait plus l'air de soldats. A Alger, on nous appelait “ les soldats parfumés ”. Là, on n'était plus tellement parfumés... »

Delbello possède également des photos de prisonniers. Il a dû être un bon soldat, mettre du cœur à l'ouvrage, car il est affecté un temps au service de renseignement, au 2e Bureau chargé d'interroger les Algériens captifs.

« Les interrogatoires, c'était loin de ce que pensent certains. On ne martyrisait pas les prisonniers, c'est pas vrai, c'est pas vrai, c'est de la connerie. C'étaient des gens comme tout le monde. Ils avaient peur, bon, à un moment donné ils parlaient... »

Brutalement, je le coupe :

« Ils parlaient spontanément ?

— Spontanément... »

Il sourit...

« Quelquefois, cela durait un jour ou deux, mais enfin, bon, ils parlaient. Mais on n'a jamais employé les grands moyens comme pendant la dernière guerre. On n'en est pas venus là...

— L'électricité ?

— Non, non, pas chez nous, pas chez nous. Ailleurs, peut-être. Non, nous avions d'autres moyens utilisés par le 2e Bureau, des moyens psychologiques. Ensuite, les prisonniers, nous, on les redonnait parce que nous étions en opération. Les hélicoptères les emmenaient. Certains sont devenus des harkis et d'autres, je sais pas, peut-être qu'ils ont été descendus. Après, ce n'était plus notre travail. C'est vrai, il y a eu les corvées de bois, ça existe dans toutes les guerres.

— Vous avez participé à une corvée de bois ?

— Non, personnellement, non.

— Vous en avez vu ?

— Ma foi, oui, on est bien obligé d'en voir. On se demande ce que c'est, ce mot de corvée de bois. Ils emmenaient les prisonniers au bois, mais ils ne revenaient pas.

— Il n'y avait pas de jugement ?

— Ils avaient été jugés avant n'importe comment. »

Le 1er RCP de Delbello est un des régiments parachutistes utilisés dans les grandes opérations de l'année 1959. Le plan Challe, mis en application durant l'année 1959, vise à désorganiser l'organisation FLN dans des zones où, jusqu'à présent, l'armée française n'a pas réussi à s'implanter de manière durable. Avec des moyens considérables, notamment les troupes héliportées, les opérations Étincelle, Jumelles, Neige obtiennent des résultats significatifs. A la fin de l'année 1959, l'état-major estime que, sur le terrain, la guerre est gagnée. C'est à ce moment que le général de Gaulle propose, le 16 septembre 1959, l'autodétermination aux Algériens. Pour la première fois, la perspective de l'indépendance à terme est envisagée. L'armée, qui s'estime victorieuse, s'inquiète ; les ultras de l'Algérie française s'agitent. Le renvoi du général Massu, qui avait donné une interview imprudente à un journaliste allemand, sert de prétexte. A Alger, le 24 janvier 1960, les activistes retranchés derrière des barricades tirent sur les gendarmes. Les régiments parachutistes, 1er REP et 1er RCP, chargés du maintien de l'ordre, refusent de monter à l'assaut des « barricades ». Entre les tenues « léopard » et les émeutiers de Lagaillarde et Ortiz, on saucissonne de chaque côté des barrages symboliques.

César Delbello :

« Nous étions en opération quand on nous a rappelés d'urgence pour descendre sur Alger. L'accueil de la population algéroise était chaleureux. Les femmes nous ont apporté du café, des cigarettes. Les bérets rouges étaient toujours bienvenus. Mais nous nous sentions pris en sandwich. Les paras n'avaient pas vraiment envie d'en découdre avec les insurgés. Si on nous avait donné l'ordre, il aurait fallu y aller, parce qu'on était militaires, mais cela n'aurait pas été de gaieté de cœur. C'étaient des gens comme nous qui étaient en face ; c'étaient des Européens, des pieds-noirs. Ils défendaient leurs droits. On a été soulagés quand Lagaillarde s'est rendu. »

Après cet épisode, le 1er RCP est envoyé au fin fond du Sahara. Un peu avant la fin de son temps, Delbello a une altercation avec un gradé. Aujourd'hui encore, il ne tient pas à raconter les circonstances exactes de cette bagarre. Il est puni et doit rester sous l'uniforme quelques mois de plus, qu'il purge au camp de Zéralda. Après trente mois de baroud en tenue « léopard », le retour à la vie civile s'avère délicat...

« Ça a été dur. Pendant deux ou trois mois, j'avais le film qui repassait dans la tête. Je pensais aux copains que j'avais laissés sur le quai, à Marseille. Beaucoup de choses avaient changé en trois ans. Et puis les paras, ici, ils n'étaient pas tellement aimés. A Sassenage, on nous traitait de buveurs de sang. Il a fallu se réadapter au travail. J'ai repris la route. Quand je pense à cette guerre, je me dis qu'on a été cons. On a tout laissé là-bas. On a laissé 30 000 copains, les blessés et tous ceux qui en supportent encore les séquelles. En plus, on nous ignore complètement. Les anciens combattants d'Algérie, on est des brêles. »

Quelque temps après être rentré de l'armée, Delbello est allé rendre visite à la famille d'un camarade de régiment, mort brûlé vif dans un hélicoptère. Dès qu'elle l'a aperçu, la mère a compris pourquoi il venait. Lorsqu'il raconte cet épisode, Delbello paraît fort ému. Il avoue être bouleversé chaque fois qu'il se rend sur la tombe d'un copain tué en Algérie. Les paras aussi ont le cœur sensible.

12

Le cœur de la France

Même en ce lieu, le Vercors cher à Alain Bœuf est présent. Au mur, une planche à moitié calcinée. Ce sont les restes d'une maison brûlée par les Allemands en 1944, précisément sur le plateau du Vercors. Juste au-dessus, un casque SS. Dans ce local de l'Union nationale des combattants à Grenoble, la décoration recourt largement aux symboles. Le président de cette association, Jean Bollon, lorsqu'il fait visiter les lieux, ne se prive d'ailleurs pas de souligner les signes d'appartenance. De part et d'autre des drapeaux, il montre les portraits de Clemenceau et du révérend père Brottier qui ont fondé l'UNC en 1917. Sur les murs, tout autour de la pièce, des couvre-chefs militaires, des casques de 14-18, dont celui du père de Bollon — juste au-dessus du drapeau français –, le calot que Bollon lui-même portait à Cherchell et des chapeaux de brousse. Jean Bollon consacre beaucoup de temps et d'efforts à l'animation de cette Union du combattant en Afrique du Nord, fondée, elle, en 1957. Il nous présente son ami Remli, un harki qui été emprisonné après l'indépendance, puis demande aux membres du bureau de se présenter eux-mêmes. A tour de rôle, ils bafouillent quelques mots avec une touchante maladresse. Il y a là un ancien d'Indochine, un rappelé incapable de se souvenir de ses dates d'incorporation, un autre appelé. Ils s'assoient autour de la table, mais ne diront rien pendant tout l'entretien.

Ici, c'est Bollon le patron. Homme de caractère, il affiche ses convictions.

« Je suis parti en 1958, à l'âge de vingt-sept ans. Je pars parce qu'on m'appelle. Je pars aussi parce que l'Algérie est un département français et doit rester française. Avant mon départ, j'étais dans un groupe d'amis qui disaient : vivement que le général de Gaulle arrive pour que l'Algérie reste française. Je ne suis pas gaulliste. Je n'ai jamais été ni d'un homme ni d'un parti. Je vais avec les gaullistes de l'époque parce que je pense que c'est le seul recours. Je pars donc pour aider les Français d'Algérie à garder un département français dans la France.

A la sortie de l'école à Cherchell, je demande la Grande Kabylie ; c'est un coup de cœur parce que la Kabylie a été un des berceaux de la rébellion – un de mes camarades s'était fait dézinguer en Grande Kabylie. Je choisis les SAS, c'est-à-dire les sections administratives spécialisées. »

Créées en 1955, les SAS doivent être, selon les initiateurs, « le cœur de la France qui bat dans chaque douar ». L'officier SAS qui est responsable d'un territoire a pour mission à la fois de lutter contre l'organisation politico-militaire du FLN et de prendre en charge les besoins d'une population le plus souvent sous-administrée. Le « képi bleu » règle les questions administratives, organise les travaux, s'occupe de l'école, veille à l'assistance médicale. Les officiers SAS, chargés de montrer que la France et son armée sont capables d'aider concrètement les populations civiles, constituent le fer de lance de la « pacification ». Les résultats obtenus sont inégaux et dépendent pour beaucoup de la qualité de l'officier. Ceux qui réussissent sont menacés par le FLN ; entre 1956 et 1962, 73 officiers et 33 sous-officiers SAS sont tués, ainsi que 612 moghaznis, les supplétifs algériens participant à l'autodéfense. Sur son activité de lieutenant de SAS en 1959-1960, Jean Bollon est intarissable. Il montre des cartes, des photos, compare la mechta misérable et le village en dur qu'il a fait reconstruire.

Bollon, aujourd'hui encore, y croit...

« J'étais d'abord chef d'un village, mon village PC, qui avait 437 habitants, et j'étais chef de secteur avec 18 villages sous mon commandement : j'étais représentant militaire, officier chargé de la sécurité des villageois, des harkis. Deuxième mission : j'étais représentant du préfet. A ce titre, j'étais chargé de tout l'aspect administratif, j'établissais les papiers, les laissez-passer ; et, troisième chapeau, je faisais l'assistance médicale gratuite. Mon secteur, je le connaissais par cœur, je le connaissais même la nuit. Chaque soir, il y avait des embuscades. L'ALN était puissante au nord, il y avait une forêt non loin de la mer, remplie de fellagha, où très souvent l'aviation allait larguer des bombes.

Ils nous ont attaqués deux, trois fois la nuit. Nos harkis et moghaznis étaient extraordinaires ; s'ils étaient fidèles par le cœur, ils l'étaient aussi par l'arme. Ils étaient vraiment français à part entière, deux fois français d'ailleurs, parce qu'ils étaient d'un territoire français, mais également par le sang versé.

La population voulait la paix. Elle n'avait pas vu de Français dans ce coin-là avant 1954-1955, c'était un coin éloigné et sauvage. Quand ils ont vu le savon, l'hygiène, quand ils ont vu qu'on les soignait, qu'on leur faisait la piquouse pour avoir des enfants, ils étaient vraiment d'accord pour être avec nous, pour vivre avec nous en paix. J'ai refait un café maure, j'ai fait redémarrer le tissage, la poterie... tout s'améliorait. J'avais un seul appelé avec moi, je m'en servais comme instituteur. J'avais créé une école et je lui expliquais la veille ce qu'il devait apprendre aux enfants kabyles. Pour cette population, l'ALN était un péril constant.

J'ai fait des prisonniers de l'ALN, notamment un adjudant, un adjudant du FLN. Je lui ai d'ailleurs demandé comment on devenait adjudant et il m'a expliqué : il fallait quand même tuer pas mal de Français. Ces prisonniers, on les emmenait en opération avec nous afin qu'ils nous indiquent les caches du FLN. Ils le faisaient de plein gré. »

Comme il croit lire une légère incrédulité sur le visage de son interlocuteur, Bollon insiste :

« Absolument, de plein gré. Parce qu'il n'y avait pas de sentiment nationaliste. On les retournait très facilement. J'ai eu dans ma SAS une harka composée uniquement d'anciens du FLN. Ils étaient farouchement pro-Français et d'extraordinaires combattants contre le FLN… Cet adjudant, par exemple, je ne l'ai pas maltraité, je l'ai utilisé, il est venu en opération et il est revenu vivant. »

Jean Bollon fait parrainer les 18 villages de son secteur de SAS par 11 communes de l'Isère. En métropole, sa femme s'active pour récolter des vêtements, des médicaments, des vivres. Elle a gardé la même passion qu'autrefois.

Elle parle à toute vitesse, vibrante d'indignation, les mots, les idées s'entrechoquent :

« J'ai essayé d'aider mon mari. Il m'a écrit que les populations algériennes étaient très malheureuses. Personne ne s'était occupé d'elles. En fait, l'Algérie était un pays sous-colonisé. L'administration française n'a jamais été à la hauteur de ce qu'elle aurait dû être. C'est-à-dire qu'on aurait dû construire plus d'hôpitaux, de routes, d'écoles. Vous vous rendez compte que, dans le bled de mon mari, ils ne savaient pas ce qu'était un savon. La première fois qu'on leur en a donné un, ils l'ont mangé. Je suis allée voir mon mari là-bas huit jours. On ne pouvait pas demander à des individus d'aller dans ce bled paumé. Il fallait être fou pour s'installer là-bas. Il pleuvait à travers le toit. »

A la fin de son temps, les autorités militaires demandent à Bollon de « rempiler », et lui offrent une nouvelle SAS.

« Le colonel m'a reçu et il m'a demandé si je voulais continuer, il pouvait me faire activer. Je lui ai répondu : “ Mon colonel, est-ce que l'Algérie restera française ? ” Il a baissé le nez et il n'a pas répondu. Notre conversation s'est terminée sur ce silence. Je suis rentré en France, mais je n'en avais pas fini avec l'Algérie. J'ai continué à m'occuper des harkis et, le 13 mai 1962, 17 harkis avec femmes et enfants ont débarqué chez moi pour me demander de l'aide. »

Mme Bollon :

« Nous habitions un deux-pièces, il a fallu faire face. 17 personnes, dont un bébé de treize mois, dans 45 mètres carrés. »

Jean Bollon, méfiant, a hésité avant d'accepter d'être filmé. Il a demandé à voir les rushes. Un soir, dans une chambre de notre hôtel transformée en salle de projection, nous lui avons montré le film de l'interview. Il n'a pas bronché, apparemment satisfait de sa prestation. Sa femme, qui l'accompagnait, était bouleversée par cette plongée dans le passé.

Chez les Bollon, on n'évoque pas l'Algérie sans émotion ni passion. Fouiller cette mémoire si proche expose l'interviewer à se sentir, au détour d'une phrase où un mot se substitue à un autre, le psychanalyste de drames plus intimes.

Mme Bollon, tendue, les larmes au bord des paupières :

« Ça a été terrible, terrible pour notre fille. En fait, notre fille ne s'est jamais remise de l'absence de son mari pendant trente mois… »

Elle se reprend :

« … de son père pendant trente mois. Enfin moi, je me suis remise, oui, on peut penser que c'est un lapsus, mais, en fait, ma fille ne s'est jamais remise de l'absence de son père. L'Algérie, c'est une blessure pas cicatrisée. Elle ne comprend pas que mon mari continue de s'occuper de l'Algérie. Elle pense qu'il ferait mieux de s'occuper de sa famille. De lui, en particulier. »

Jean Bollon, président de l'Union des anciens combattants d'Afrique du Nord dans le département de l'Isère, est psychologue pour enfants.

13

Cas de conscience

Pendant la guerre d'Algérie le Parti communiste compte plusieurs centaines de milliers d'adhérents et représente presque un quart du corps électoral. Bien des jeunes qui partent en Algérie sont militants ou proches du PCF. Se méfiant du FLN, opposés aux formes d'action radicales comme l'aide aux Algériens, réticents devant l'insoumission et la désertion, les communistes revendiquent la paix en Algérie, c'est-à-dire la fin des combats. Ils ne reconnaissent l'idée d'indépendance qu'au début de 1957. Quant au contingent, le PCF estime que les jeunes communistes ne doivent pas refuser de faire leur devoir, mais que, sous l'uniforme, ils restent des communistes. Dans la mesure du possible, ils s'opposent, à l'intérieur de leurs régiments, à la machine de guerre et aux excès. Cette attitude, adoptée également par des non-communistes comme Manin ou Bœuf, se révèle sur le terrain souvent difficile à mettre en pratique. Confronté aux réalités d'une guerre impitoyable, le jeune communiste sous l'uniforme est d'abord un soldat. Les états d'âme d'Ezio Goy, l'un des organisateurs de la manifestation de Grenoble, rappelé dès 1956, nous l'ont démontré.

L'histoire de Gilbert Argelès et d'Étienne Boulanger, tous deux communistes, témoigne également que l'appel en Algérie provoqua de douloureuses interrogations chez bien des militants.

Lorsqu'il reçoit sa feuille de route, Gilbert Argelès, ancien élève de l'école normale de Grenoble, est instituteur à Bourgoin. Il participe aux actions contre la guerre. Le 17 mai 1956, il vient manifester à Grenoble (ce qui montre bien que le PCF avait mobilisé dans toute la région). Il connaît un peu l'Algérie pour y avoir effectué un voyage quand il était lycéen, et un de ses amis, avec qui il s'occupe de colonies de vacances, est algérien.

Gilbert Argelès :

« J'avais le dégoût de cette guerre et j'ai essayé de ne pas y aller. J'étais allé trouver le secrétaire de la fédération du Parti communiste de l'Isère pour lui demander de faire partie des insoumis. J'étais prêt à le faire. Il me l'avait fortement déconseillé en disant que la place d'un communiste, c'est à l'armée. C'étaient les principes léninistes de retourner les fusils contre ses propres officiers. Je craignais beaucoup de partir là-bas en tant que communiste, car j'étais repéré, et quelques copains qui étaient revenus m'avaient raconté ce qu'ils avaient subi comme brimades, comme peurs et vexations. Je suis parti quand même, car l'ambiance était telle que, tout seul, on ne pouvait pas faire autrement. »

Argelès est affecté au 6e bataillon de chasseurs alpins cantonné à Michelet, dans une section qui elle-même tenait une position au milieu des montagnes de Kabylie.

« Nous étions une vingtaine de soldats isolés dans un poste. La vie se divisait en deux temps : d'une part un simulacre de pacification – les contacts avec la population ; de l'autre un aspect guerre – les embuscades, les opérations. Je sortais en opération avec une arme. Au début j'avais un pistolet parce que je portais le poste de radio. Les nouveaux arrivants portaient le poste de radio pendant deux mois en attendant la relève. C'était un poste très lourd, qui pesait treize kilos, plus les piles. Pour remonter les oueds, le soir, c'était pénible. Les anciens me disaient : " Tu n'as qu'à faire comme tout le monde ; tu prends un prisonnier et tu lui fais porter le poste. Et puis, à la fin de l'opération, on le fait disparaître, puisqu'il a entendu les messages et qu'il a appris un certain nombre d'informations. " Je m'y suis refusé, si bien que je n'ai pas eu de relève.

J'ai continué à porter ma radio et je suis devenu un peu un spécialiste. Je savais changer de longueur d'ondes, écouter ce qui se passait dans d'autres bataillons. Je me souviens par exemple que j'ai assisté en direct à une opération qui était menée dans le massif du Djurdjura par le 7e BCA. J'ai entendu dans mon poste des militaires qui étaient au sommet d'une cheminée et qui criaient : " Arrêtez les gaz, arrêtez les gaz ! " Personne ne semblait les entendre. Alors j'ai changé ma longueur d'ondes et j'ai appelé le PC du 7e BCA pour les prévenir. Ils m'ont dit : " Qui êtes-vous ? " J'ai donné mon code et ils m'ont répondu : " Fichez-nous la paix, reprenez votre longueur d'ondes. " J'ai bien la preuve que, là, des gaz ont été utilisés, c'étaient peut-être des gaz lacrymogènes... »

En dehors des opérations militaires, la vie du deuxième classe Argelès sur un piton isolé n'est qu'un long voyage au bout de l'ennui.

« On était coincés dans un petit réduit, on traînait, on jouait aux cartes. Il n'y avait aucune distraction, absolument aucune, pas de cinéma, rien. Les gars, dans les chasseurs alpins, venaient souvent de milieux ruraux. Ils ne se posaient pas trop de questions. Ils criaient : “ La quille, bordel ! ” Tout le monde souhaitait s'en aller, mais j'ai rarement entendu une réflexion sur la guerre d'Algérie, sauf peut-être quelques séminaristes. Je me sentais très isolé. On s'habituait à cette “ vie de rien faire ” rythmée par les gardes. Il y avait une espèce d'aspect inexorable du temps qui passe ; on comptait les jours mais, comme il faisait toujours beau... Deux ans comme cela interrompus par une permission en France, que j'ai prolongée parce que j'avais eu une première jaunisse. »

Comme sa santé n'est pas bonne, on demande à Gilbert Argelès de reprendre son métier d'instituteur dans l'école d'un petit village.

« J'avais dans ma classe une petite fille qui s'appelait Zora. Sa mère était chef de village, nommée par l'armée française, mais, à mon avis, elle devait être aussi responsable du FLN. Je me souviens d'avoir participé à une pseudo-opération au cours de laquelle... Je revois cette femme, les mains attachées dans le dos, emmenée au fond d'un oued où elle devait livrer les caches des fellagha. J'étais en retrait, en surveillance, avec un certain nombre de copains. On a entendu quelques coups de feu. Je ne peux pas dire que je l'ai vu exécuter, mais les soldats l'ont emmenée, et elle n'est pas remontée. C'est un souvenir très... »

Le militant communiste Argelès n'a guère l'occasion de montrer ses convictions. Un soldat, même quand il veut la paix, doit faire la guerre. Tout au plus évite-t-il d'avoir du cœur à l'ouvrage lorsqu'il s'agit de rassembler la population d'un village afin de l'emmener voter lors d'un référendum. Mais les autorités militaires, elles, n'oublient pas que cet appelé est encarté.

« On a constaté des disparitions de munitions dans la section. Communiste, j'étais suspect. Un détachement est venu arrêter trois personnes, dont moi. On a été emmenés dans les locaux du détachement opérationnel de police, ce qu'on appelait les DOP, j'ai été interrogé, un peu tabassé. Ils ont proféré beaucoup de menaces, m'ont promis que je ne reverrais pas ma femme et mon fils. Cela a duré deux jours et deux nuits. J'entendais dans les salles voisines les cris des gens torturés. Et puis ils m'ont rendu mon arme et ils m'ont libéré. On m'a changé de section et on m'a mis en section opérationnelle.

Après, j'ai craint pour ma vie, je redoutais ce qui arrivait à certains militants de la paix, recevoir une balle dans le dos en opération... J'ai vécu avec cette peur. Je suis parti en bonne santé et je suis revenu malade. Il y a eu pendant cette guerre d'Algérie une fêlure psychologique qui fait que je suis devenu anxieux. Depuis mon retour, je suis quelqu'un d'anxieux, qui dort mal, qui fait des cauchemars. Lorsque je suis rentré, j'ai eu une réintégration facile sur le plan professionnel, puisque j'ai retrouvé un poste d'instituteur. Mais j'ai tout de suite commencé à ressentir un malaise, un déphasage. Les gens ne voulaient pas nous entendre. Cela ne les intéressait pas de savoir ce qui se passait là-bas. Je me souviens d'un copain qui m'a dit : “ Vous, les anciens d'Algérie, vous voulez toujours vous faire passer pour des anciens combattants. ” Je lui ai répondu : “ Mais j'ai fait la guerre, je suis ancien combattant. ” J'appartenais au corps des instituteurs qui avaient appris à des générations de jeunes Français que l'Algérie était une terre française. J'ai senti dans cette réflexion du copain que, dans l'inconscient des Français, restait profondément marquée l'idée qu'on ne pouvait pas avoir fait une guerre, puisqu'on défendait une terre française.

Après mon retour, j'ai eu une longue période d'amnésie où je n'ai pas voulu penser à la guerre d'Algérie. Même quand je militais à la FNACA, je pensais aux conséquences de la guerre, aux gars malades ou blessés, mais j'ai fait une impasse sur les événements eux-mêmes. Aujourd'hui, je commence à en parler de nouveau, car nous ne pouvons pas garder cette espèce d'inconscient collectif qui se refuse à parler d'un drame qui a marqué non seulement les 3 millions de Français qui ont participé à la guerre, mais aussi toute la population française par les conséquences.

Quant à moi, j'ai perdu mes certitudes et je me suis rendu compte que le manichéisme, il fallait laisser cela. Peut-être que la guerre d'Algérie m'a aidé à devenir adulte, m'a fait comprendre que les réalités étaient beaucoup plus complexes que nos rêves de jeunesse. »

Quand il est appelé sous les drapeaux, Étienne Boulanger est lui aussi militant communiste. Dessinateur industriel, il a vu son incorporation ajournée deux fois pour raison de santé. En mars 1957 – il a vingt-deux ans –, il part pour le service militaire, qu'il effectue en métropole. Au bout de quatorze mois, en avril 1958, il est muté en Algérie. C'est alors qu'il écrit au président de la République, René Coty :

> Je suis désigné pour partir en Algérie. J'ai pris la décision de refuser de participer à la guerre que la France fait actuellement à l'Algérie et qui menace de s'étendre à toute l'Afrique du Nord. Ma conscience ne pourrait admettre que je combatte contre un peuple que je souhaite voir ami et allié de la France. Je veux défendre l'amitié entre Français et Algériens, et rester fidèle aux traditions françaises de justice et de liberté rappelées dans le préambule de la Constitution... Je suis prêt à prendre les armes pour défendre la France que j'aime au-dessus de tout, si elle est attaquée, mais je refuse de commettre des actes qui me laisseraient ensuite du remords. Veuillez croire...

« J'ai immédiatement été mis au trou, en prison. J'ai été mis à l'ombre dans mon régiment, j'ai été isolé des autres militaires parce que les autorités avaient peur de la contagion. Et j'ai été envoyé, sous escorte, en Algérie dans le régiment où je devais normalement être affecté. »

Cette décision de « s'insoumettre sous l'uniforme », Étienne Boulanger l'avait mûrie depuis longtemps. A sa femme, épousée pendant son service, il écrivait en janvier 1958 : « Comprends pourquoi je ne veux pas faire cette sale guerre. Je ne veux pas être un assassin malgré moi. Je ne veux pas avoir de remords. » Avant lui, quelques militants communistes, comme Alban Liechti en juillet 1956, avaient choisi dans l'indifférence générale le refus de combattre en Algérie.

Étienne Boulanger :

« Je n'étais pas antimilitariste ni objecteur de conscience. Après avoir pris ma décision, j'en ai parlé à des responsables du Parti. Ils m'ont demandé si j'aurais le courage d'aller jusqu'au bout. C'était difficile de s'engager dans cette voie en sachant qu'on allait faire deux ans de prison, plus les vingt-huit mois de service dont on n'était pas dispensé. Le Parti communiste n'a jamais encouragé à l'insoumission, à la désertion. Le PC a toujours dit que la place des soldats, ce devait être dans l'armée. Malgré tout, le Parti soutenait les jeunes qui s'opposaient pour des raisons de conscience à la guerre d'Algérie. A l'époque, mon opinion sur le FLN était qu'ils avaient raison. Ils se battaient pour leur indépendance et on ne pouvait que les approuver. Il fallait que l'Algérie soit indépendante. C'était inéluctable. »

Pendant quelques jours, dans son bataillon, les officiers s'efforcent de faire revenir Boulanger sur sa décision.

« Ils voulaient absolument m'imposer de partir en opération. Ils ont tout essayé. Ils ont voulu que je parte en opération sans arme, avec un poste de radio. J'ai tout refusé. Ensuite, j'ai été emprisonné à l'école militaire de Cherchell, où j'ai été brutalisé par des officiers paras, matraqué. L'officier, qui était de droite ou d'extrême droite, m'a dit : “ Les gars comme toi, il faut leur faire la peau. ” Il est venu me menacer avec un revolver. »

Étienne Boulanger affirme qu'il n'a pas craint alors pour sa vie.

Dans une lettre adressée à sa famille, Boulanger relate ses épreuves :

> Je viens de passer une bien mauvaise journée. J'ai un énorme pansement sur la tête, un autre au coude avec une agrafe à la tête… Ce matin, ils m'ont réveillé avec un seau d'eau et, à 14 heures, en plein soleil, ils m'ont fait nettoyer la cour… Ils sont revenus à cinq avec des

> matraques. Ils m'ont douché et arrosé ma paillasse d'eau pour que j'aie froid la nuit... J'ai reçu un coup de matraque sur la tête et j'ai vu trente-six chandelles.

C'est au moment où Boulanger est emprisonné à Cherchell, que se produit le coup de force du 13 mai. Que l'armée contrôle Alger ne le rassure pas sur sa situation personnelle. Peu après, Boulanger est muté à la prison militaire d'Alger, où il retrouve d'autres jeunes appelés qui refusent de porter le fusil.

« On était dans des cellules souterraines, on voyait peu la lumière, on était deux par cellule qui normalement était prévue pour un seul détenu. Mais on n'était pas maltraités et on était nourris normalement. Nous n'avions aucun contact avec les prisonniers FLN. »

En août 1958, Boulanger passe devant le tribunal militaire, qui le condamne à deux ans de prison pour refus d'obéissance. En octobre, tous les condamnés pour les mêmes raisons sont regroupés à la prison centrale de Nîmes. Ils sont une vingtaine, généralement communistes. Une campagne d'opinion s'organise, menée par le Secours populaire et le PCF — qui publie une brochure préfacée par Jacques

Duclos, intitulée *Des jeunes qui servent l'intérêt de la France*. Boulanger y figure en bonne place aux côtés d'Alban Liechti, de Serge Magnien ou de Pierre Guyot, fils d'un membre du comité central.

« A Nîmes, nos conditions de détention étaient bien meilleures. Nous étions avec des droits-communs condamnés à de longues peines. On parlait avec eux, on vivait avec eux. Mais nous avions la sympathie et l'aide des gardiens de prison qui, pour des raisons politiques, nous passaient notre courrier clandestinement, nous donnaient les informations, les journaux, les colis. »

Sa peine achevée, Boulanger est réincorporé dans l'armée. Il lui reste quatorze mois de service à faire. A nouveau, il est envoyé en Algérie.

« Je n'ai pas refusé une deuxième fois. D'abord, parce que j'avais déjà donné deux ans de ma jeunesse et que c'était dur pour ma famille, pour ma femme et même pour moi. Mais aussi parce que ce n'était pas aussi nécessaire. Cette guerre était à ce moment-là très impopulaire dans le contingent. Il n'y avait plus la nécessité du refus.

J'ai participé une fois à une véritable opération. J'avais un fusil. Un combattant du FLN a été encerclé complètement et il a voulu se rendre, mais personne ne lui en a laissé le temps. Tout le monde lui a tiré dessus en même temps. Il était tout près de moi. Je n'ai pas tiré. »

Comme son camarade de parti, Ezio Goy, rappelé avant lui, Boulanger sent qu'il est pris en tenaille entre sa conscience et son existence. Mais il ne veut pas le reconnaître d'emblée. Il faut que je revienne à la charge à plusieurs reprises :

« Si vous vous étiez fait tirer dessus, est-ce que vous auriez riposté ?

— On ne peut pas dire cela... Je ne pense pas... Je n'en sais rien...

— Quand vous vous êtes retrouvé en uniforme, avec un fusil, en opération, ne vous sentiez-vous pas en contradiction avec l'insoumis de deux ans auparavant ?

— Un petit peu, mais j'ai eu la chance de ne pas avoir à me poser directement la question.

— Comment réagissiez-vous lorsque vous voyiez des jeunes appelés, communistes ou chrétiens, qui faisaient la guerre et la faisaient de manière dure ?

— Je pensais qu'ils étaient embrigadés par la propagande officielle. Moi, j'ai vu un de mes camarades dans mon régiment ; il était aux Jeunesses communistes, marié, père d'un enfant... Un jour, je l'ai surpris à pratiquer la torture avec le capitaine. Ça m'a fait... Je l'ai vu... Normalement, je ne devais pas rentrer dans la pièce où cela se passait. J'avais été envoyé pour donner un message au capitaine et j'ai vu ce qui se passait.

— C'était quel type de torture ?

— C'était la baignoire, et j'ai... Ça m'a bouleversé de voir ça. Ç'aurait été un para, je savais que cela existait, je savais que les troupes spécialisées le faisaient, mais je ne croyais pas qu'un jeune du contingent puisse faire cela. »

Boulanger s'arrête de parler, il souffre. J'insiste : « Vous avez parlé avec lui ?

— Non, je n'ai pas osé. J'ai pas osé lui reprocher, parce que... je ne sais pas.

— Comment expliquez-vous qu'un jeune communiste puisse pratiquer la torture ?

— Vous savez. On avait vingt ans. Le fait d'avoir une arme, d'avoir la force, ça le valorisait peut-être. Il se sentait un homme parce qu'il avait le pouvoir. »

Pendant toute la durée de la guerre d'Algérie, quelques centaines d'appelés se sont insoumis et ont refusé de rejoindre leur régiment. La plupart ont vécu à l'étranger, en Suisse ou en Italie. Quelques dizaines comme Boulanger ont refusé de servir en

Algérie. Une poignée ont déserté. Le plus connu d'entre eux est Noël Favrelière.

Étienne Boulanger :

« A cette époque, je pensais que les déserteurs avaient tort. Maintenant je pense qu'ils avaient raison. »

Il s'interrompt, des sanglots dans la voix.

« Je pense que j'ai manqué de courage et que j'aurais dû déserter et passer au FLN... Pendant la dernière guerre, on a vu, dans les maquis du Vercors, des Allemands qui avaient déserté. C'étaient eux qui avaient raison. Ils se sont pourtant battus contre les Allemands. »

Alors qu'Étienne Boulanger achève ses vingt-huit mois de service, le putsch des généraux Challe, Jouhaud, Salan et Zeller éclate. Convaincus, après le référendum du 8 janvier 1961 approuvant le principe de l'autodétermination, que le chef de l'État va brader l'Algérie, les généraux prennent le pouvoir à Alger. Dans la nuit du 21 au 22 avril, les paras du 1er REP se rendent maîtres de la ville. Mais les mutins n'enregistrent pas les ralliements escomptés. L'armée d'Algérie se déchire, hésite. Dans chaque régiment s'opposent partisans et adversaires du coup de force. Des tracts d'origine gaulliste circulent dans le contingent : " Appelés, paras ou non, on vous abuse. Vos officiers, mal informés, veulent vous dresser contre la métropole et votre patrie. Prenez vos responsabilités. Un seul chef : le général de Gaulle. " Les militants communistes ne sont pas en reste et trouvent dans l'opposition aux putschistes la justification de leur présence en Algérie.

Étienne Boulanger :

« J'étais dans la presqu'île de Collo, dans le Constantinois, affecté à un petit poste qui gardait un village de regroupement. Le fait d'être plus âgé, d'avoir été en prison, me donnait une certaine influence sur les appelés de mon régiment. On a été trouver nos gradés pour leur dire qu'on voulait rétablir l'ordre à Constantine. On croyait que tout était possible. On nous a répondu de rester tranquilles, que les choses allaient s'arranger. Notre colonel était loyaliste, progouvernemental, donc on n'a pas eu à s'opposer à lui. Mais, dans notre poste, le lieutenant était franchement de droite. Pendant tous ces événements, il a été mis à l'écart. Dans la réalité, on s'est organisés en autocommandement et j'ai été sans doute le meneur. L'unité voisine était une unité de légionnaires. On ne se rendait pas compte ; on était 40 dans ce poste, dont 20 Algériens qui n'en avaient rien à foutre de ce putsch. On aurait peut-être eu à se battre contre un régiment. On était prêts à le faire. On avait pointé le mortier, pointé les mitrailleuses dans la direction où les légionnaires auraient pu arriver. On se serait battus. Cela ne s'est pas produit. Heureusement pour nous, d'ailleurs. »

Jean Bollon, lieutenant SAS partisan de l'Algérie française, n'est plus en Algérie au moment du putsch, mais il a comme un regret :

« Je comprenais les gars qui avaient fait le putsch. Non seulement je les comprenais, mais j'y serais bien allé. Oui, j'aurais aimé participer au putsch. Pas pour tirer sur des Français, mais pour montrer qu'on n'était pas d'accord avec ce qui se préparait en métropole. »

Gilbert Argelès, l'autre militant communiste, mène l'action contre les putschistes.

« Notre commandant nous avait fait un discours, disant qu'il refusait de se rallier à de Gaulle, que l'Algérie resterait française. Alors nous avions fait une pétition pour demander qu'on lui retire le commandement de la compagnie. Il fallait la signer, je m'en rendais bien compte, mais je ne tenais pas tellement à la signer le premier parce que la tactique de l'armée, on la connaît : c'est le premier de la liste qui trinque. Et puis je ne trouvais personne, j'ai signé quand même en premier. J'avais une trouille bleue. Et puis, au dernier moment, un copain qui était sergent, le sergent Olivet, le fils du patron des bérets Olivet, c'était un pacifiste, il a mis son nom avant le mien. »

Pendant le putsch, les appelés suivent les événements à la radio.

Étienne Boulanger :

« Nous étions sans arrêt pendus à nos transistors. Nous avions toutes les informations par les transistors. »

Gilbert Argelès :

« On suivait sur les transistors. Et puis j'écoutais toujours la radio militaire et nous étions très bien informés de ce qui se passait dans les différentes compagnies. »

D'heure en heure, la situation se dégrade pour les mutins. Le dimanche 23 avril, de Gaulle, en grand uniforme, apparaît sur les écrans : « J'ordonne que tous les moyens, je dis tous les moyens, soient employés pour barrer la route à ces hommes-là, en attendant de les réduire... » Les appelés se sont opposés en masse à un coup qui ne pouvait signifier à leurs yeux que la prolongation de la guerre. La sédition s'effondre.

Boulanger n'a pas entendu le discours. Le verbe élyséen n'a joué aucun rôle dans son unité. En revanche, Argelès, lui, l'a écouté avec ses camarades.

« Le discours du Général a eu une grosse influence. Cela m'a surpris. En tant que communiste, j'étais plutôt antigaulliste. Et là, je n'avais pas d'autre solution que de dire aux gars : de Gaulle a raison. Il faut soutenir de Gaulle ; c'est la voix de la République. »

J'ironise :

« Et cela vous faisait de la peine ? »

Il sourit :

« Cela me faisait de la peine, oui. »

A la fin de son temps, l'armée décide d'attribuer à l'insoumis Boulanger Étienne un certificat de bonne conduite et la médaille commémorative des opérations de maintien de l'ordre en Algérie.

« Après vingt-huit mois d'armée et deux ans de prison, ils ont pensé que j'avais mérité une récompense. C'est le capitaine qui est venu dans le poste où j'étais ; il voulait me remettre solennellement la médaille. Mais je ne me sentais pas une âme de médaillé. Le chien du régiment était à côté de moi. Je trouvais que ce chien, qui avait été dressé à mordre les Arabes sur commande – le dressage n'avait pas marché pour moi –, était plus méritant que moi. Je lui ai donc passé la médaille autour du cou. C'était une injure à l'armée, et j'ai failli retourner en prison. »

14

La guerre des frontières

Depuis 1958, à l'est, le long de la frontière tunisienne, à l'ouest, le long de celle du Maroc, des barrages électrifiés interdisent aux katibas de l'ALN l'entrée sur le territoire algérien. Les barrages sont constitués d'un réseau de barbelés en terrain miné où passe un courant de 5 000 volts. Tous les vingt kilomètres environ, des postes de surveillance sont chargés de la sécurité de la zone. Des milliers d'appelés ont effectué leur temps sur les frontières. Michel Drevet était un de ces « combattants de l'électricité », responsable d'un poste à Kouif, au sud de la frontière algéro-tunisienne, à l'emplacement d'une importante mine de phosphates. Son travail consistait à assurer l'étanchéité du barrage.

Michel Drevet :

« Nous avions une tentative de pénétration tous les jours, pratiquement toutes les nuits, avec une intensification en fin de semaine parce que, dans l'esprit des fells, nous étions moins actifs le week-end. Pour passer, ils utilisaient différentes méthodes. La plus rustique était de lancer un troupeau de moutons à travers le réseau ; cela provoquait des courts-circuits. La manière plus moderne consistait à pousser des tubes en plastique bourrés d'explosifs dans les barbelés et à les faire sauter. On appelait ces tubes des bungalores. Cela faisait chuter la résistance sur cette portion du circuit. Nos adversaires étaient invisibles en fait. Ils étaient de plus en plus astucieux, et nous aussi : on piégeait le réseau, on mettait des bretelles perdues dans l'herbe de l'autre côté et, quand les gars approchaient avec leurs bungalores, ils prenaient des bons coups de jus.

Dès qu'il y avait coupure, on changeait de tension, on abandonnait le 5 000 volts. Nous avions des instruments de mesure qui nous permettaient de localiser la brèche à quelques mètres près. Tout le long du barrage, des régiments patrouillaient jour et nuit avec des blindés et des projecteurs. Lorsqu'on déclenchait l'alarme, on leur précisait le point de rupture, et toutes les forces d'intervention venaient boucler la zone. Et puis les électriciens devaient intervenir et remettre la tension, sinon il se produisait des coupures en cascade qu'on avait énormément de mal à détecter. Il fallait donc prendre sa boîte à outils, son sac et, sous les projecteurs, entrer dans le réseau et réparer. C'était très désagréable parce que les gars qui avaient coupé étaient en face et nous tiraient dessus.

Je me souviens, un soir, il y avait une très grosse coupure, ça tirait dans tous les sens et nous n'arrivions pas à détecter l'endroit exact. Personne ne pouvait approcher. Je me revois en train de descendre sous la lumière des projecteurs et des phares des jeeps jusqu'à un endroit où on voyait la coupure : sur cent mètres, les barbelés étaient déchiquetés, complètement entrecroisés. De l'autre côté, derrière une petite colline, les fells poussaient des bungalores. Je les ai vus en face à une trentaine de mètres. Ils étaient arrosés par nos gars, mais ils me tiraient dessus. Je les ai vus. »

Le sergent Drevet s'est identifié à son réseau électrique. Dans l'échange, il le reconnaît volontiers.

« Mais qu'est-ce qui vous poussait à risquer votre vie ?

— Je ne sais pas, je ne sais pas. Je crois que...

— C'était *votre* barrage ?

— Probablement. Dans la vie, on doit tout faire en se passionnant. Une mission militaire, c'est comme une mission au travail. On l'accepte, on la remplit. Je n'étais quand même pas le gars qui allait se sacrifier, mais il est vrai que, sur le coup, on se laisse aller à l'action, on ne mesure pas le danger. Là, il fallait rétablir le courant. C'était à moi d'y aller. J'étais le responsable. J'étais heureux de rétablir *mon* réseau.

— Mais, aujourd'hui, vous ne trouvez pas un peu ridicule d'avoir risqué votre vie pour cent mètres de barrage ?

— Est-ce qu'aujourd'hui je trouve ridicule d'avoir risqué ma vie pour cent mètres de barrage ? »

Il réfléchit en secouant la tête.

« Non, non, J'avais la responsabilité, je l'ai fait. »

Drevet est un homme de devoir. Pour cette action d'éclat, il recevra une citation, mais cette décoration le laisse de marbre. Ce barrage était son barrage. Sa guerre d'Algérie a été une lutte permanente contre les coupures d'électricité. Et, plus d'une fois, il a couru les plus grands risques.

« Les accidents étaient fréquents, surtout au début. Le jour, les équipes allaient effectuer des réparations, changer une pièce, ramasser le gibier (pendant deux ans, nous avons mangé du lapin en permanence : le fil du bas était à quinze centimètres, et les lapins se faisaient prendre par les oreilles). Donc, il fallait nettoyer régulièrement le réseau. A une heure précise, on coupait le courant, le gars entrait dans le réseau, il accrochait les deux pinces de son téléphone là où, quelques secondes avant, 5 000 volts passaient. Il appelait le poste, signalait sa présence. Quand il avait fini la réparation, il rappelait et on remettait le courant une minute après. Un jour, on ne sait pas ce qui s'est passé : le gars qui était de garde au poste a fait la manipulation inverse et, quand le réparateur est entré dans le réseau, il s'est fait prendre par les 5 000 volts. Il a été projeté dans les barbelés. Là aussi, on peut dire, avec le recul, que j'ai pris un risque extraordinaire. J'ai rampé et je l'ai tiré par les vêtements sans toucher le corps. Les treillis étaient amples, je l'ai arraché du réseau. On lui a fait la respiration artificielle, il s'en est tiré. Tout le monde, à l'époque, a dit qu'il buvait tellement de bière que cela avait dû le protéger. »

A une autre occasion encore, Michel Drevet a frôlé la mort, mais, cette fois, c'était involontaire.

« Une nuit que nous suivions le réseau en jeep très près des lignes pour détecter une coupure, on s'est fait tirer dessus. Pas par les fells, qui étaient de l'autre côté, mais par un gars de chez nous, qui était du même côté mais en retrait. Il s'est affolé et il a lâché une rafale de 12-7 sur nous. La rafale a traversé notre jeep d'avant en arrière, blessant mon adjoint qui était devant. C'est là que j'ai vu la mort de plus près, avec des balles françaises. La balle a traversé le cou sans toucher un seul organe ; je me revois en train de l'emmener. Il était couvert de sang et moi aussi. Et il hurlait et il gueulait avec son accent de Toulouse : il voulait tuer le gars qui avait tiré. Ce type d'accident arrivait très souvent. Les gars qui étaient en protection, ce qu'on appelait la herse, ils avaient deux, trois mois de service et, dans leur jeep, ils avaient peur. Fréquemment, on a eu des coupures sur le réseau ou des destructions qui étaient en fait provoquées par des gars de chez nous qui tiraient devant eux, pensant qu'il se passait quelque chose. »

Michel Drevet, avant l'armée, avait un CAP d'électricien. Comme lui, les appelés qui servaient sur le barrage étaient tous électriciens. Ils provenaient de l'EDF, des mines ou des entreprises et avaient été sélectionnés sur des critères de compétence sévères. Ils étaient avant tout des techniciens, accessoirement des militaires.

« Nous vivions en cercle fermé, à une douzaine de garçons ; on voyait l'adjudant-chef tous les quinze jours, un sous-lieutenant de temps en temps, lorsqu'il faisait sa tournée. Un jour, nous avons eu une inspection. J'arrivais au poste, et je suis tombé sur une brochette de gars à barrettes qui descendaient d'une jeep bien propre avec des drapeaux. Ils tiraient une tête : ils avaient vu mes gars couchés. Nous n'avions pas d'horaire : c'était une période où les fells tentaient de passer toutes les nuits et, en général, on dormait le matin pour récupérer. Qu'est-ce qu'on a pris ! C'est allé très loin. J'ai été mis aux arrêts et le capitaine de la compagnie aussi. Il m'avait convoqué et il m'avait fait des excuses en tant qu'officier. Il excusait ses collègues de nous avoir punis. Ces gars-là n'avaient aucune idée de la manière dont on vivait, en alerte vingt-quatre heures sur vingt-quatre. C'était assez rageant. Quand vos gars se battent comme des chiens et voient arriver ces messieurs dans leur tenue impeccable, qui débarquent sans se poser de question mais râlent parce que les appelés n'ont pas de chaussures cirées… C'est difficile ensuite de redonner le moral. Ils avaient trouvé le poste dans un état déplorable. Il faut dire que c'était assez rustique. Quelque temps après, on a eu de la peinture. Ils ont repeint le poste.

Il fallait trouver des dérivatifs pour maintenir le moral de l'équipe. J'avais trouvé une idée : on avait fabriqué des haltères avec du plomb et du câble électrique. C'était l'époque où il commençait à y avoir de la publicité pour le culturisme. Je me souviens d'un culturiste qui s'appelait Duranton. On avait acheté un cours de culturisme par correspondance. Toute l'équipe avait l'obligation de pratiquer sur le toit du poste. C'était pour entretenir le moral, il fallait maintenir la pression. »

Drevet n'a pas de mauvais souvenir d'Algérie, au contraire. Pendant son service militaire, son employeur, M. Merlin, fondateur des établissements Merlin-Gérin, une des plus grandes entreprises de la région grenobloise, a eu l'excellente idée, à l'occasion de la foire d'Alger, de réunir tous ses employés qui étaient militaires en Algérie. Un jour, Drevet a donc reçu un ordre de mission pour gagner Alger. Il a mis quatre jours pour traverser la moitié de l'Algérie et est arrivé au milieu du repas — il ne se souvient plus du menu. Il était heureux de constater que son entreprise ne l'oubliait pas. Après l'armée, il est retourné chez Merlin-Gérin, dont il a gravi les échelons jusqu'à devenir cadre supérieur.

« Avant de partir à l'armée, j'étais le garçon timide, ne mettant pas deux mots bout à bout, ayant toujours les yeux à terre. L'armée m'a fait découvrir le commandement. Lorsque je suis rentré, j'ai eu six mois d'instabilité, j'étais invivable, je ne supportais aucun commentaire. En fait, je devais faire une “ crise de management ”. Après avoir commandé à mes hommes, je me suis retrouvé d'un seul coup à obéir. Et, avec le recul, je dirais que c'est cela qui m'a fait démarrer. J'avais pris goût au commandement. Cela m'a poussé à bosser, travailler, travailler pour arriver petit à petit à prendre des responsabilités. Je suis dans la division marketing et j'ai beaucoup de travail de communication avec la clientèle. »

Il porte le badge de son entreprise à la boutonnière.

« Sans la guerre d'Algérie, je n'aurais pas eu ce déclic professionnel. J'étais ouvrier et rien n'aurait déclenché ce besoin de rupture et de changement. »

Michel Drevet est également maire de son village de Champagnier, à une trentaine de kilomètres de Grenoble. Il continue à penser parfois à son barrage sur la frontière tunisienne. Son poste de Kouif était sur l'emplacement d'une mine toujours en activité. Sous terre passaient des galeries qui, naturellement, se moquaient des frontières. Alors il se demande si, pendant qu'il montait une garde vigilante, qu'il courait d'un bout à l'autre de son barrage pour réparer les brèches, en dessous, les Algériens n'utilisaient pas la mine pour traverser.

« J'aimerais bien rencontrer aujourd'hui un responsable de la wilaya du coin pour savoir. On s'amusait en haut, et, en dessous, les choses sérieuses se passaient. Vraiment, j'aimerais savoir la vérité. »

Michel Drevet était au sud, sur la frontière tunisienne. Pierre Achin, lui, au nord de la frontière marocaine. Mêmes barbelés, mêmes lignes électrifiées, mêmes champs de mines. Avant de partir à l'armée, Achin était élève à l'École du bâtiment et d'architecture de Grenoble. Il s'est donc retrouvé à l'école du génie d'Angers, dont il est sorti aspirant. Sa première affectation en Algérie ne le dispose pas particulièrement à exercer ses talents de bâtisseur. Il hérite d'une section disciplinaire dans une compagnie de combat. Il est chargé de reprendre en main des hommes qui avaient eu, dans le civil, maille à partir avec la justice et qui jouaient les prolongations sous les drapeaux. Son adjoint, un sergent, porte en permanence une pince sur lui afin d'arracher les dents en or des Algériens abattus. Achin réussit à le faire muter, et lui-même un peu plus tard est rendu à sa vraie vocation. Le voilà sur le barrage, au 72e régiment du génie, à Port-Say, à construire et à renforcer des postes.

« Je retrouvais ma formation initiale, puisque je faisais du béton armé : on coulait des dalles de béton armé sur les hôtels afin que les obus tirés depuis l'autre côté de la frontière ne puissent causer de dégâts. J'ai construit le premier blockhaus au point zéro du barrage puisqu'il était au-dessus de la mer et qu'il devait surveiller les passages par mer. »

Quelques années après son retour en France, alors que sa femme attendait leur premier enfant, Achin se met en quête d'un médecin gynécologue. On lui donne une adresse. Le nom sur la plaque le fait réagir : Sikirdji. Sikirdji... François Sikirdji. C'est bien l'homme qu'il a connu en Algérie, le médecin appelé responsable du secteur. Ils tombent dans les bras l'un de l'autre et depuis n'ont cessé de se voir.

Pierre Achin :

« La première rencontre avec François s'est passée au col de Lameri. Il était en poste en bas, à Djilali, et notre compagnie était sur le col. Nous avions un malade et nous avions donc fait appel à lui. Il est monté pour soigner ce militaire. Par la suite, nous avons beaucoup sympathisé et il ne nous quittait presque plus. Il venait, le soir, faire des parties de tarot qui se terminaient fort tard, vers 2 ou 3 heures du matin. Alors, on lui proposait de l'accompagner et il répondait : “ Pas question, si vous me mettez une escorte, je suis sûr de me faire allumer. Si je suis seul avec ma Croix-Rouge, je suis sûr de rentrer. ” »

François Sikirdji :

« Ce qui m'a frappé lorsque je suis monté les voir, c'était leur installation. Ils avaient un cantonnement invraisemblable, de grandes tentes couvertes de neige. C'était un campement avec des difficultés de vie incroyables. L'ambiance était très bonne. Vous aviez des officiers assez exceptionnels, et j'y suis souvent retourné. Et puis tu m'as emmené sur le barrage pour me montrer les travaux que tu faisais. Tu avais besoin d'utiliser les gens du village de regroupement dont je m'occupais. »

Pierre Achin :

« Quand on avait des travaux de construction, on faisait appel à des ouvriers civils. J'en avais une cinquantaine que je payais chaque semaine. »

François Sikirdji :

« C'était drôle. Comme je parlais arabe, j'avais de bons contacts avec la population et, dans le camp, j'avais fini par repérer le représentant du FLN. Il m'avait avoué que la moitié de la somme que tu versais était récupérée par le FLN. Il venait le soir une fois par semaine. Si bien que l'argent que tu donnais partait pour moitié au FLN. »

Pierre Achin :

« Quand on l'a pu, au lieu de verser ces sommes à date fixe, on changeait de jour systématiquement. »

Cette précision d'Achin nous a plongés dans une profonde méditation. Pendant des semaines, sur la table de montage, nous en avons débattu : si le FLN avait un informateur dans le camp qui avertissait du paiement, à quoi bon changer le jour ? Le débat reste ouvert.

Achin, jeune aspirant apolitique, penche plutôt vers l'Algérie française. Son copain François Sikirdji est parti en Algérie au début de 1961. Il avait terminé ses études de médecine. Né au Maroc de parents enseignants, il y avait appris l'arabe et acquis une bonne connaissance de l'Afrique du Nord. Convaincu de la justesse de la revendication indépendantiste, il accepte l'idée de servir outre-Méditerranée parce qu'il est médecin. Il pense pouvoir faire sur place plus de bien que de mal.

« J'ai pratiquement été affecté d'office, sans doute parce que j'étais opposé à la guerre, dans ce coin paumé de l'Oranais, au sud de Tlemcen, aux portes du désert, mais sur les hauts plateaux où il y a de la neige trois mois par an. On disait de ce poste qu'on y crevait de chaleur l'été et qu'on y pelait de froid l'hiver, et c'était vrai. J'avais des fonctions très diverses : soigner une petite garnison avec des moyens modestes, et j'avais une fonction de secteur – c'est-à-dire que les unités qui n'avaient pas de médecin autour de nous, comme celle de Pierre Achin, faisaient appel à moi. Le poste était complètement isolé, on m'avait dit : tu tiendras trois mois ; je suis resté un an. L'ennui était le principal ennemi. Moi, j'avais réagi contre cet ennui par un travail considérable auprès de la population : j'avais construit une infirmerie, j'allais chercher des médicaments à Tlemcen, ce qui prenait deux jours.

Pour les soldats, il n'y avait aucune distraction, rien n'était fait. On avait l'impression d'assister à la vie de condamnés attendant que les jours passent. Ils attendaient la quille. La nourriture était dégueulasse et même médicalement dégueulasse. J'avais la responsabilité de l'état sanitaire de l'eau, car il y avait une source et je l'arrosais d'eau de Javel. Je n'ai jamais eu d'hépatite ou de dysenterie parce que l'eau était imbuvable et que tout le monde buvait de la bière. C'était la Pils. Certains en buvaient vraiment beaucoup, vingt à trente bouteilles par jour, c'était courant. Quand on parle de l'ennui dans les postes isolés… on s'aide en buvant, et je voyais des jeunes boire. Certains ne pouvaient fonctionner qu'à la Pils pour pouvoir aller en opération. Je me souviens d'un chauffeur de GMC, surnommé Mickey Rooney parce qu'il était petit, qui se mettait debout pour pouvoir passer les vitesses. Quand il n'avait pas bu sa Pils, il conduisait comme un pied, mais avec ses dix Pils, il manœuvrait comme un chef. On l'a regretté quand il est parti. Il a bien évidemment arrosé son départ. A la Pils. »

Trente ans après, François Sikirdji plaisante de cette vie militaire ; il a également été témoin de situations dramatiques :

« On avait largué près des lignes du barrage des espèces de mines éclairantes attachées à des parachutes. Lorsqu'on essayait de passer, ces fusées s'éclairaient. Les enfants du village essayaient de récupérer les petits parachutes. C'était épouvantable parce qu'ils entraient dans le champ miné. J'en avais parlé aux familles. Un jeune enfant un jour a sauté sur une mine en voulant ramasser un parachute. Il était complètement explosé. J'ai demandé l'évacuation en hélicoptère, mais je ne l'ai pas obtenue parce que l'évacuation des civils était interdite. J'ai eu beau insister… cet enfant est mort dans mes bras. »

Pierre Achin :

« Des accidents arrivaient avec les mines. On a eu des mines “ encriers ” dont les bouchons allumeurs étaient clairs. Les corbeaux arrivaient, prenaient ces mines et les reposaient à un autre endroit. On avait aussi de très violents orages, et l'eau entraînait les mines, qu'on retrouvait un peu partout. On avait des mauvaises surprises. »

Mille kilomètres plus au sud, le long du barrage électrifié, Gaétan Esposito, qui fait tant d'efforts pour masquer à sa mère restée à Grenoble les risques qu'il court, est lui aussi témoin à la même époque d'accidents provoqués par les mines.

« La mission du génie était d'aller poser des mines. On les posait et on les enlevait. Là où nous prenions des risques, c'était quand on nous envoyait sur le réseau au moment où le vent se levait. En principe, c'était interdit, car ces mines étaient des mines bondissantes, reliées par des fils. Quand le vent soufflait, des touffes d'herbe d'alfa s'accrochaient au fil et tiraient dessus, la mine montait et explosait. Il y a eu des accidents. Des gusses ont perdu la vie... qui ont été piégés dans le réseau au moment où le vent se levait. Et les officiers qui nous envoyaient prenaient des gros risques vis-à-vis de nous. Personnellement, je ressentais ces accidents comme une profonde injustice. Se dire qu'on a perdu quelqu'un parce qu'on nous a donné un ordre malvenu, qu'on a exécuté alors qu'on avait le droit de ne pas l'exécuter... Au retour au camp, les gars étaient révoltés. »

Esposito s'interrompt comme s'il avait fini. J'insiste :

« Ces révoltes se traduisaient comment ? »

Il hésite à poursuivre, puis interroge :

« C'est important ? »

Je hoche la tête. Il se lance :

« Les gens revenaient avec des idées de meurtre... Avec des idées de meurtre, forcément envers celui qui avait donné l'ordre.

— Ces idées vous traversaient aussi l'esprit.

— Oui. »

Beaucoup d'appelés, tel Henri Girard, ont été tués accidentellement. Nul ne saura jamais combien sont morts victimes de fautes de commandement, d'ordres imbéciles ou d'erreurs humaines.

François Sikirdji :

« Au moment du putsch, un certain nombre de régiments ont fait mouvement sur Oran ou Alger et ont dégarni le barrage. Le FLN en a profité pour tenter un passage massif qui a réussi. Une katiba entière est entrée. Pour limiter ce passage, on a demandé l'intervention de l'aviation. C'était du côté de Marnia. Mais il y a eu confusion sur les foulards. Il faut savoir qu'en Algérie nous avions des foulards de couleurs différentes pour nous permettre de nous distinguer de l'adversaire, qui avait à peu près la même tenue. Le FLN nous imitait et cherchait à avoir la même couleur de foulards. Souvent, donc, on changeait de couleur au dernier moment avant une opération. La couleur était secrète, et les ordres donnés par radio. Il est arrivé que, ce jour-là, le FLN avait les mêmes foulards que nous – soit par erreur de transmission, soit par imitation de la part du FLN. Toujours est-il qu'ordre a été donné à l'aviation d'intervenir en rase-mottes et de mitrailler. Comme les foulards étaient identiques, toute la troupe qui occupait cette zone a été bombardée. Il y a eu plusieurs dizaines de morts, dont une vingtaine de Français tués par des balles françaises. Avec d'autres médecins, j'ai été chargé de ramasser les morts et de les mettre dans des sacs. C'était un cérémonial épouvantable. »

A partir de 1957, on a mis en place une politique de regroupement. Pour les stratèges militaires, il s'agit de rassembler la population dans des lieux contrôlés par l'armée dont elle n'a pas le droit de sortir. Le reste du territoire est décrété zone interdite : toute personne s'y trouvant ne peut être que rebelle. Pour l'armée française, l'avantage est double : les maquisards du FLN sont coupés de leur soutien logistique (ravitaillement, renseignement), et les personnes déplacées, soustraites à l'encadrement du FLN, sont en revanche disponibles pour le travail psychologique. Mais, chassées de leurs villages, privées de leurs ressources, entassées dans des conditions souvent sordides, les populations déplacées sont soumises à un régime difficile. Un million d'Algériens vit, en 1959, dans des camps de regroupement semblables à celui dont le Dr Sikirdji assure la surveillance sanitaire.

« Mon poste était accolé à un camp de regroupement où l'on avait fixé une tribu nomade, les Ouled Nea Geraba. Le camp était entouré de barbelés, on interdisait à ces gens de bouger puisque nous étions en zone interdite. Ils étaient là, sans possibilité de travailler : avant, ils avaient des troupeaux de moutons. Il en mourait beaucoup, car l'aide sanitaire était très insuffisante. Je n'avais pas la possibilité de pratiquer des soins lourds. Donc, la mortalité infantile était catastrophique. Des accouchements, j'en ai pratiqué beaucoup sous la tente — la " raima ". Les résultats étaient catastrophiques, les mortalités maternelles et infantiles étaient importantes. L'isolement était total, et je n'avais pas droit aux évacuations sanitaires — on m'a toujours refusé les évacuations civiles. C'était horrible ; ces gens étaient obligés de rester et de mourir sur place, sans soins intensifs. Je garde en mémoire un enfant qui souffrait de toxicose, c'est-à-dire d'une déshydratation caractéristique des infections intestinales. J'ai demandé l'évacuation et je ne l'ai pas obtenue. Il s'est produit un incident assez grave, parce que j'ai fait cette évacuation quand même en ambulance militaire, sans protection, contre l'avis de mon capitaine qui m'avait promis les arrêts de rigueur. Un infirmier militaire m'a accompagné. On a donc évacué cet enfant par la route, qui était très longue, et il est mort en arrivant. »

François Sikirdji se tait.

15

Sourire kabyle

Après la guerre, Pierre Achin est resté en contact avec le milieu militaire. Officier de réserve, il a continué à effectuer des périodes, à entraîner de futures recrues dans le cadre de la préparation militaire. Aujourd'hui colonel de réserve, il est vice-président de l'Union des officiers de réserve de l'Isère. Il souhaitait que nous nous rencontrions au mess des officiers du 6e BCA, où chaque semaine il rejoint d'autres anciens d'Algérie, officiers de réserve comme lui. Mais le général commandant la place, jugeant notre incursion sulfureuse, s'y est opposé. C'est donc dans l'appartement de Pierre Achin que nous avons retrouvé, outre le maître de maison, François Sikirdji et Bernard Loiseau.

Comme Drevet, Loiseau est cadre supérieur chez

Merlin-Gérin. Sa guerre d'Algérie, il en parle comme d'un western – le mot est de lui. Il se souvient avec une nostalgie certaine de ces instants où il allait boire un verre en ville, s'asseyait dos au mur et posait son arme en évidence sur la table. Ou encore de l'aventure que représentait la descente au mess la nuit, tous phares éteints, sur une route déserte et peu sûre, afin de retrouver les autres officiers dispersés dans la journée et de sacrifier au rituel de la bouteille de champagne Mumm cordon rouge offerte par le fautif à chaque erreur commise... Cette vie d'officier appelé, bien logé, correctement nourri, est loin de l'existence quotidienne des deuxième classe. De l'Algérie Loiseau a gardé, trente ans après, d'excellents souvenirs et de bonnes habitudes : aujourd'hui, à l'approche de la soixantaine, il continue de crapahuter de nuit dans le Vercors et d'observer les lignes de crête à la recherche d'un hypothétique rebelle, comme lorsqu'il était aspirant au 52e bataillon du génie cantonné près de Guelma. A l'instar de Pierre Achin, mais sur l'autre frontière, il a travaillé au renforcement du barrage, construit des routes, effectué du « mamelonnage » (rendre les parties montagneuses plus accessibles aux troupes), coulé du béton. Soldat constructeur, Loiseau n'a pas participé directement aux combats, ce qui ne l'empêchait pas de redouter ses adversaires.

Bernard Loiseau :

« On avait peur de tomber dans une embuscade. Nous avions encore en mémoire Palestro. On avait l'intention, si on devait être prisonniers des fellagha, de se flinguer avant, de se suicider. C'était notre hantise. On avait vu un certain nombre de colons avec le sexe dans la bouche et le " sourire kabyle ". J'en ai vu. D'ailleurs, quand les fellagha étaient tués, ils étaient ramenés dans la remorque de la jeep et ils étaient exposés sur la place du village pendant au moins une journée. Ce n'était peut-être pas la solution la plus intelligente, parce que, la nuit suivante, on retrouvait un ou deux colons assassinés. »

L'angoisse d'être prisonnier, d'être mutilé, d'avoir la gorge tranchée d'une oreille à l'autre, le fameux « sourire kabyle », poursuit les appelés pendant toute la guerre d'Algérie. Les faits abondent, qui confirment que cette crainte ne relève pas du fantasme : le rappelé Trouilloud a vu quatorze copains de sa section massacrés ;

une section, dans le régiment du para Robert André, tombée dans une embuscade, a été horriblement charcutée...

Voici un autre exemple, le troisième dans un échantillon aussi réduit que celui des personnes rencontrées pour cette enquête. Michel Petrone a connu une guerre d'Algérie un peu spéciale : il était chauffeur de camion, affecté à la Légion. Pendant des mois, aux quatre coins de l'Algérie, il a parcouru des milliers de kilomètres pour emmener les légionnaires sur les lieux des combats, dormant dans son GMC...

Il a tout vu, Petrone :

« C'était dans un défilé. J'arrivais en camion et je suis tombé sur un de nos camions... C'étaient des libérables, des appelés de notre âge, qui partaient deux mois avant nous parce qu'ils étaient mariés. Et on les a retrouvés, les parties coupées dans la bouche, ventres ouverts, remplis de cailloux, face à La Mecque. 22 gars de chez nous. Je l'ai vu, de mes yeux vu. Il est certain que... on aurait retrouvé les gars... On n'aurait peut-être pas fait pareil, mais on n'aurait pas fait de cadeau. Quand j'ai vu nos gars, des gars de chez nous, dans l'état où ils étaient, je comprenais mieux. Avant de voir ça, la torture, j'étais contre. Après, je comprenais. On ne fait pas d'omelette sans casser d'œufs. »

Michel Petrone parle dans son bureau de directeur des services techniques d'Alpexpo, qui est un lieu de spectacles et d'expositions à Grenoble. Petrone était le quatrième d'une famille de neuf enfants. Cette situation familiale – il n'était pas soutien de famille – ne lui a pas épargné l'Algérie. D'ailleurs, cela ne le gênait pas de partir. Par esprit d'aventure, pour voir ce que c'était. Chauffeur de GMC en Algérie, ce n'était pas un poste de tout repos : conduite sur des pistes souvent défoncées, risques permanents d'embuscade.

« J'emmenais donc les troupes sur les lieux du ratissage. J'avais quinze légionnaires derrière et un sous-officier à côté de moi. Cela se passait à n'importe quelle heure, de jour ou de nuit. La première embuscade, je me souviens, je conduisais le cinquième camion. Ils avaient posé une mine à cran qui était réglée sur le cinquième camion, le mien donc. J'ai sauté, l'arrière du véhicule a été complètement déchiqueté, nous avons eu quatre morts, mais je n'ai rien eu du tout, à part une légère surdité pendant quelque temps. Cela va très vite.

Immédiatement se produit ce qu'on appelle dans la Légion la " boule de feu ". Les gars ont sauté du camion et ont mitraillé un peu partout. Ça dure quelques minutes et on ramasse les morts. Une autre fois, du côté de Batna, j'étais dans le premier camion, un fusil mitrailleur a tiré une rafale qui a sectionné mon siège et j'ai basculé. Je m'en suis bien sorti. »

Michel Petrone a d'autres souvenirs, plus égrillards. Lorsque, par exemple, les légionnaires après les combats avaient droit au repos du guerrier.

« Quand ils rentraient d'opération, la première chose qu'ils faisaient c'était d'aller boire la Kronenbourg. Et puis ils allaient au bordel, au bordel militaire de campagne, le BMC. C'était un camion aménagé ; ils passaient devant le médecin de campagne qui s'était installé derrière une petite table. Le type arrivait, il déballait tout, le médecin donnait son accord, et le gars montait dans le camion. »

Petrone a gardé une photo où on le reconnaît, jeune et moustachu, accroupi devant un BMC.

« A l'intérieur, on comptait quatre musulmanes et six Européennes qui suivaient le régiment. Les légionnaires étaient les seuls régiments avec les tirailleurs algériens à avoir droit au BMC par autorisation du ministère... »

Le lieutenant Sikirdji a vu fonctionner les fameux BMC, lors de grandes opérations avec la Légion dans son secteur. Mais, sur les problèmes posés aux appelés par l'absence de femmes, il reste pudique.

« Au bout d'un certain temps, en tant que médecin, je constatais chez les appelés un effacement des désirs sexuels. L'isolement peut-être, l'angoisse sûrement. Je n'ai jamais vu personnellement de difficultés à ce niveau. »

Michel Drevet partage cette opinion :

« Je ne crois pas que c'était une obsession des garçons à l'époque. Les gars étaient tellement crevés... Je sais que certains allaient au bordel malgré l'interdiction. »

César Delbello, le para fort en gueule, lui, ne masque pas la réalité :

« Pour passer un moment agréable, on allait dans les boxons de la Casbah. Les maisons closes, quoi. »

Lorsque le rappelé Noël Trouilloud est revenu d'Algérie, en 1956, son frère cadet Jean n'avait que seize ans. Jean se souvient de ce retour, de ce frère aîné dont l'épaisse barbe mangeait le visage, au point que sa mère ne l'avait pas reconnu. Quatre ans plus tard, en juillet 1960, ce fut au tour de Jean. Le père, qui avait été gazé pendant la Grande Guerre, a regardé son deuxième fils faire son paquetage. Jean est parti le 1er juillet en Algérie. Le 15, le père meurt d'une hémorragie cérébrale. Jean Trouilloud a droit à quatre jours de permission et à un billet d'avion. Le père enterré, il reprend le bateau pour Alger.

Aujourd'hui, il s'occupe de la ferme familiale. C'est la première fois qu'il évoque sa guerre d'Algérie. Il parle peu, lentement, en paysan. D'un ton égal, sans aucune émotion, il raconte les pires horreurs de la guerre :

« En décembre 1960, deux véhicules de la gendarmerie ont été mitraillés dans un col. Il n'y a eu aucun survivant. Le lendemain le RIMA est arrivé, les bérets verts en hélicoptère. Ils ont monté une opération de ratissage à proximité de cette embuscade et ils ont rasé tous les villages. On est passés quelques jours après : tout avait été rasé. Il n'y avait plus personne, hein. Les mechtas avaient brûlé ou avaient été mises à sac… Il n'y avait plus rien… Plus aucune vie. Même pas un chien. La population a été mitraillée. Le RIMA n'avait pas de pardon. Les bérets verts, quand ils passaient, c'était… C'était rasé complètement. »

Jean Trouilloud ne cherche pas à briller. Il faut lui extorquer chaque mot. L'effort qu'il accomplit donne le sentiment qu'on le bouscule. Les silences parlent, eux aussi.

« Et quand vous êtes arrivés, les cadavres étaient encore là ?

– Oui, oui, bien sûr. Ils étaient là, bien sûr...

– Et des femmes, des enfants ?

– Ah oui, de tout... De tout... Mais le plus dur, c'était dans les mines de Zaccar. C'était une mine de fer remplie de galeries, et les Algériens allaient se réfugier dedans. Alors, quelque temps après, ils ont monté une opération napalm avec hélicoptère. En principe, le napalm était interdit, mais comme cela se passait dans les montagnes... Avaient-ils trouvé une entrée de galerie ? On a bien vu les hélicoptères balancer le napalm. Après, ça a brûlé. S'il y avait des fellagha dans cette galerie, c'est sûr qu'ils ne ressortaient pas. »

En Algérie, le napalm était désigné sous le vocable de « bidons spéciaux ».

— Et où ont-ils été trouvés, les survivants étaient encore là ?

[illegible]

16

Un sentiment de lâcheté

Les appelés qui suivaient les EOR (écoles d'officiers de réserve) à leur arrivée en Algérie passaient quatre mois à l'école de Cherchell, d'où ils sortaient aspirants ou sous-lieutenants. Ainsi que l'ont relaté Jacques Bec ou Robert André, l'entraînement était dur, la sélection féroce et la compétition pour le rang de sortie impitoyable. Gilbert Gardien et Séraphin Berthier ont servi sous l'uniforme à la fin de la guerre. Leurs histoires se recoupent et se complètent. Gardien a suivi des études de droit en faculté à Grenoble ; Berthier était expert-comptable.

Gilbert Gardien, par tradition familiale, par éducation, était un homme de gauche. Hostile à la guerre d'Algérie, il n'était pas très enclin à aller défendre les pieds-noirs, qu'il considérait comme des nantis.

Séraphin Berthier, lui, était un partisan résolu de l'Algérie française. Gaulliste avant 1958, lecteur assidu du sénateur Debré, *Ces princes qui nous gouvernent* était son livre de chevet. Il militait pour l'Algérie française, distribuait des tracts, participait aux démonstrations. Son engagement était tel que, lors de la manifestation du 18 mai 1956, avec un groupe qui rassemblait des socialistes « version Mollet » et des monarchistes, il voulait aller contre-manifester. Mais le rapport de forces leur a interdit de se montrer. Berthier et Gardien passent par l'école de Cherchell, à quelques mois de distance, au cours de l'année 1961.

Séraphin Berthier :

« L'ambiance était très sympa, très physique, pas très intellectuelle. Nos instructeurs devaient faire, en cinq ou six mois, de types qui étaient étudiants, qui n'avaient pas l'habitude de commander, des gars capables de commander 30 bonshommes. Alors, il y avait énormément de physique, peu de bouffe, beaucoup de bourrage de crâne. On nous crevait physiquement et on nous faisait passer des messages qui m'allaient très bien ; c'étaient des messages sur l'Algérie française, sur la vocation de l'armée. Cela ne me gênait pas du tout. »

Gilbert Gardien :

« On était encadrés par des instructeurs de très bon niveau, qui arrivaient d'Indochine, qui avaient de l'expérience et qui nous apprenaient à commander. Ils nous faisaient découvrir autre chose que ce qu'on avait pu lire, nous, en Métropole, dans la presse. On avait des cours sur l'islamisme, sur cette bataille qui était en train de se jouer autour du Bassin méditerranéen. On recevait quelques données sur la guerre subversive. »

Séraphin Berthier :

« On avait un cours chaque semaine sur l'histoire du FLN, sur son organisation, sur ce qu'il représentait. C'était la grande mode de l'action psy à l'époque. »

Gilbert Gardien :

« J'ai été hospitalisé à Blida et j'ai fait la découverte que le personnel d'entretien, les femmes de ménage étaient des pieds-noirs, que ce n'étaient pas uniquement des gens qui possédaient des journaux ou des terres, mais que ces petites gens formaient une population pour laquelle on pouvait s'engager parce qu'ils avaient le droit de vivre dans un pays qu'ils avaient construit. Cela m'a transformé, retourné, je ne voyais plus les choses de la même façon. Je ne dénonçais plus la guerre d'Algérie. »

Pendant que Gilbert Gardien termine son stage à Cherchell éclate le putsch des généraux. Sa réaction est bien différente de celle des communistes Argelès et Boulanger :

« Une partie de l'école a été envoyée à Alger en maintien de l'ordre et une partie à la campagne, parce que nous avions des cadres qui étaient pour, d'autres qui étaient contre. Moi, j'appartenais à une section dont le cadre était pour le putsch. On s'est donc retrouvés à l'écart sans information. Mais une bonne partie de l'école était d'accord avec le putsch. Et moi aussi. »

Je le coupe :

« Vous auriez été prêt à marcher si on vous l'avait demandé ?

— A ce moment-là, oui. On n'avait pas d'états d'âme. On aurait marché certainement. Sans voir les conséquences. »

Un an plus tard, Berthier, lui, sera témoin d'une scène qui montre à quel point le traumatisme créé par ce putsch d'avril 1961 avait creusé des failles profondes au sein de l'armée.

« Dans le régiment où j'étais, il y avait un gars qui avait fait le putsch, je crois qu'il avait bouclé son colon à Tizi-Ouzou. Mais il était neveu ou fils de général ; il n'avait pas été condamné. Et, dans notre petit mess, il tombe sur un lieutenant très républicain qui avait dénoncé le putsch. Ils étaient face à face. Celui qui avait été putschiste s'est foutu à six mètres et il a salué sec. Le lieutenant loyaliste a tendu la main. L'autre a rétorqué : “ Je vous salue parce que je suis obligé de vous saluer, mais je ne suis pas obligé de vous serrer la main. ” C'est un moment qui avait une certaine gueule. »

A la sortie de Cherchell, les élèves officiers optent pour leur future unité.

Séraphin Berthier :

« On se retrouvait tous dans un grand amphi et, en fonction du rang de sortie, on choisissait notre affectation. Les dix premiers, par tradition, prenaient la Légion ou les paras, et après ceux qui suivaient essayaient de se tirer en Allemagne ou en Métropole. Si bien que les derniers, qui en principe étaient les moins bons, se retrouvaient dans les secteurs les plus pourris. Moi, j'ai choisi la Kabylie. J'ai eu dix jours de perm en France et je suis entré en contact avec la section dont j'allais prendre le commandement la nuit du 31 décembre 1961. J'ai passé le réveillon avec eux. C'était une section composée à 50 % d'Européens et à 50 % de FSNA [Français de souche nord-africaine], d'Arabes, ce qui était une erreur énorme parce que les Arabes n'étaient pas bien admis en Kabylie. Foutre une section d'Arabes en Kabylie, ce n'était pas adroit.

J'avais donc un territoire sous ma responsabilité et on menait la pacification ; on avait un instit qui donnait des cours, un infirmier qui soignait. On était dans un secteur où ils n'avaient pas vu d'Européens avant de voir l'armée. »

Gilbert Gardien, quant à lui, opte pour l'infanterie de marine et rejoint le 3e bataillon du 22e RIMA en Petite Kabylie. On lui confie la responsabilité d'une harka.

« Je suis arrivé dans un poste qui s'appelait 921, car nous étions à 921 mètres d'altitude, un poste créé par la Légion, occupé par les paras. J'ai pris contact avec les harkis, j'ai eu un accueil très sympathique, ils ont fait une petite fête et, le soir même, le camarade auquel j'allais succéder m'a dit : “ On va sortir, monter une embuscade. ” On est partis très vite dans l'obscurité, à huit ou neuf. J'avais quand même beaucoup d'appréhension, parce qu'on croit qu'à Cherchell on acquiert une formation, qu'on est aguerri, mais enfin... J'avais un PM et la radio. Avec le recul, c'était un peu Tartarin de Tarascon. On est partis fend-la-bise. J'en bavais parce que les gars marchaient très vite, j'avais le sentiment d'être complètement perdu, on a marché, on a monté notre petite embuscade. On est rentrés au matin, et j'ai posé la question à mon prédécesseur qui partait : " Comment tu fais pour t'y retrouver ? " Il m'a répondu : " Ce n'est pas compliqué, je connais pas plus que toi le terrain, simplement avec les harkis, ce sont des gens du pays, ce sont des locaux. "

Les harkis avaient la maîtrise du terrain, ils savaient par où il fallait passer. C'était 50 % du résultat qu'on pouvait obtenir. Cette harka était mise à la disposition de la compagnie. Son travail était de recueillir le maximum de renseignements. J'étais chargé d'écrire une monographie, c'est-à-dire d'indiquer les points d'eau, les passages, les oueds. C'est grâce aux harkis et à leur connaissance du terrain que j'ai pu établir cette monographie. Ils connaissaient la population, les gens qui étaient pro-FLN, ceux qui étaient pro-Français. C'était la fin de la guerre, donc il n'y avait plus de grandes opérations. Il s'agissait plutôt d'assurer la sécurité dans cette zone, car l'organisation politico-administrative du FLN se mettait en place. Notre mission était d'arrêter ces gens qui la mettaient en place afin d'éviter que le cancer ne s'étende. Militairement, la guerre était finie, il n'y avait plus en face de soldats en armes. Il ne restait que les militants de l'Organisation politico-administrative.

Ces gens étaient porteurs d'informations. Quand on les arrêtait, il fallait connaître ces renseignements pour savoir où étaient les caches... »

Je l'interromps :

« Ces prisonniers ne parlaient pas spontanément...

— La spontanéité... Personne n'est spontané lorsqu'il se fait arrêter. On avait horreur de ça, mais on exploitait les prisonniers dans un premier temps au niveau de la compagnie. C'était pour générer une peur psychologique, c'est... »

Il s'interrompt, cherche ses mots.

« Je ne parle pas de torture... C'était simplement la menace, cela se limitait à des mots, mais des mots qui étaient inquiétants, qui laissaient planer des menaces sur le lendemain.

Je n'ai jamais été témoin d'exactions directes. Je n'en ai pas vu. Des coups, oui, j'ai vu des gens donner des coups, des claques...

— Vous en donniez, vous ?

— Comment ? Non, non, je n'ai jamais donné de coups. J'étais en dehors de tout ça. Les coups étaient beaucoup plus violents quand ils venaient de harkis qui avaient des comptes à régler, parce que les gens du FLN étaient aussi des locaux, du douar. C'était un peu la loi du talion.

— Quelqu'un contrôlait les harkis pendant les interrogatoires ?

— Oui, ils étaient toujours contrôlés, mais, vous savez, les coups partaient... Quand des parents à eux avaient été assassinés par le FLN, ils avaient des comptes à rendre. Le risque également, c'était du côté des appelés. Il fallait les freiner... Les jeunes appelés impulsifs devaient être freinés par les cadres. Autrement, ils donnaient des coups, cassaient un peu, mettaient le feu. J'ai vu, dans une opération d'envergure, j'ai vu des mechtas brûler. J'imagine que c'est un oubli... Allez identifier qui a mis le feu... C'est très difficile. Mais j'ai constaté qu'on avait laissé derrière nous une mechta qui brûlait.

— Cela vous choquait à l'époque ?

— Non, non, enfin, j'avoue que cela ne me choquait pas parce que j'étais engagé totalement. Je n'y pensais pas, je ne me posais pas de cas de conscience. Ça brûlait. Ça brûlait. Bon. Torturer, je n'y serais pas arrivé...

— Vous auriez pu torturer à l'époque ?

— Vous répondre aujourd'hui ? J'en sais rien. Peut-être un camarade abattu, un autre égorgé, j'aurais pu avoir une réaction violente. Mais quelle torture ? On parle de la gégène, ce fameux transformateur d'électricité qui servait à transmettre sur le poste de radio. Bon, on a essayé. Tous les camarades ont essayé de voir comment cela se passait. On a tenu les électrodes au bout des doigts, et puis un collègue tournait.

— Vous avez essayé pendant combien de temps ?

— On restait deux, trois minutes, mais enfin...

— Et l'interrogatoire durait combien de temps ?

— Bon, en ce qui me concerne, ce que j'ai pu vivre, c'était la nuit entière. Mais pas la gégène. Une fois, je me souviens de leur nom, c'étaient les frères Keni qui avaient été pris dans une mechta. Bon, ils s'étaient rendus. Eh bien, cela a duré la nuit, quoi, cela a duré la nuit. »

Depuis 1957 s'est mis en place le dispositif opérationnel de protection (DOP). Ce sont des endroits fermés et discrets dévolus aux interrogatoires. C'est là que le communiste Argelès, soupçonné de vol d'armes, a été interrogé. La torture est en principe réservée aux spécialistes.

Gilbert Gardien :

« C'était un service de renseignement. Dans les compagnies, on savait mal ce qui se passait dans les DOP. Ils étaient loin. En tant que sous-lieutenant, je n'ai jamais fréquenté un DOP, je ne suis jamais entré dedans. J'ai surtout découvert les DOP après, parce qu'on m'en a beaucoup parlé. Dans ma compagnie, on entendait des bruits : qu'il y avait un traitement particulier des prisonniers. C'est ce qui se disait. Mais de quelle façon ? La gégène, tout le monde en parlait. Il y avait beaucoup d'histoires sur la torture, puisqu'il faut dire son nom. Je suis persuadé que des gens qui ne l'ont jamais pratiquée ont dit : “ Oui, on torturait. ” Parce qu'on roulait des mécaniques... La torture n'est valable que dans la mesure où on recueille un renseignement important qui va sauver la vie d'individus. C'est pas par plaisir. On a un peu galvaudé ce mot de torture. Il a été amplifié. »

Gilbert Gardien n'a jamais vu revenir de prisonniers partis pour les DOP.

« En principe, les prisonniers passaient par des centres de tri et de transit. Nous, on était sur le terrain. J'ai eu la chance de faire une guerre propre. »

Gardien parle d'une voix sourde. Il souffre, cherche ses mots, regarde obstinément vers le sol comme pour mieux s'enfouir dans sa mémoire. Il en extirpe tout ce qu'il y trouve, avec une honnêteté scrupuleuse, sans chercher à rien dissimuler. Il multiplie les incidentes afin de faire comprendre combien la situation sur le terrain était complexe, elle ne peut se résumer en quelques phrases simples.

« J'ai vécu un accrochage avec un chef gendarme du FLN qui s'appelait Zarouk. C'était en décembre 1961. C'était la nuit, après le couvre-feu. Il était recherché. J'étais avec un petit groupe de harkis, on était cinq ou six. On l'a identifié, il s'est réfugié dans une mechta. On a cerné la mechta. On a fait les sommations, on lui a demandé de sortir. Bon, il est sorti, mais il n'est pas sorti les mains en l'air. Il est sorti avec un fusil. Bon. On a tiré, il a été abattu sur place. On n'a pas eu de renseignements. »

Gardien sent qu'il doit justifier ce geste, qui, trente ans après, prend des allures d'assassinat.

« C'était normal. J'ai une cartouche chez moi. Elle provient de son fusil. C'était une cartouche trafiquée qui commettait de gros dégâts. C'était au plus rapide. C'était un peu le cow-boy, celui qui dégaine le plus vite. Il a été tué alors que, dans une procédure normale, il aurait pu être arrêté. Il aurait pu être transféré au DOP... »

Je crois voir dans la mimique de Gardien, quand il prononce le mot DOP, qu'au fond il a épargné à Zarouk bien des souffrances inutiles.

Le dénouement semble proche. Dans le secret, les représentants du gouvernement français et les plénipotentiaires algériens négocient. Déjà, le désengagement se prépare. En février 1962, Gardien est permissionnaire en France quand il reçoit un message le priant de rejoindre d'urgence sa compagnie.

« Je suis arrivé à mon poste, et là mon commandant m'a dit : “ Gardien, c'est fini, on s'en va. ” On a commencé à rapatrier les bataillons qui avaient été engagés. C'était le début de la fin. Nous étions loin de ce qui se tramait, des négociations. On était engagés sentimentalement. On avait le sentiment que, si on partait, on abandonnait tout. »

A la même époque, Séraphin Berthier, qui a également hérité d'une harka, vit cette déchirure.

« C'était pénible. J'avais 80 harkis. Il s'est passé quelque chose qui, pour moi, est impardonnable. On leur a offert le choix entre deux solutions : la première était de venir avec nous en s'engageant dans l'armée française – mais on ne rapatriait pas les familles... La famille, en Kabylie, c'est tout. C'est un pays montagneux, très tribal, la famille compte énormément. Trois ont choisi cette voie. La deuxième possibilité : on leur donnait une prime et on leur racontait qu'ils avaient leur place dans l'Algérie nouvelle. La plupart sont restés sur place. On en a récupéré un quatre ou cinq mois plus tard à Alger. Il était dans un sale état et il nous a dit que les autres avaient été massacrés. »

Gilbert Gardien :

« C'était très difficile à vivre. Avec quelques compagnons, on a chialé. »

Il essuie une larme.

« Tous les chefs de section ont pleuré. Il a fallu faire les adieux... On proposait aux harkis de s'engager dans l'armée française en laissant les familles. Je l'ai vécu... Sentimentalement, c'était épouvantable. On leur a fait rendre les armes. Nous avions un sentiment d'abandon total. Total. Quand on s'est embrassés avec les harkis, il y avait un déchirement absolu. »

Il se tait, trop ému. J'attends quelques secondes avant de reprendre :

« Vous n'avez pas eu la tentation de la révolte ?

— Non, non, je dois dire. Qu'est-ce qu'on pouvait faire ? Rien, de toute façon. On suivait les ordres. On a eu des réactions verbales. Mais on nous a dit qu'il fallait obéir aux ordres. Je ne vois pas ce que nous pouvions faire, paumés dans notre campagne, seuls avec notre déchirement. Cela, je m'en souviendrai toujours. Jamais je n'oublierai les mois que j'ai passés avec ces gens-là. Je leur ai accordé ma confiance. Eux nous donnaient la leur. Quelque temps avant notre départ, nous avions reçu des instructions qui demandaient de supprimer les armes automatiques aux harkis. Le commandement craignait qu'ils ne changent d'attitude, qu'ils passent du côté du FLN. C'est très difficile quand vous avez vécu avec les gens et que, brutalement, vous devez leur dire : " Maintenant je n'ai plus confiance en toi. Rends-moi ton fusil mitrailleur. " On a continué à faire comme avant. »

Séraphin Berthier :

« Le désarmement des harkis ne s'est pas fait en un jour. Cela s'est étalé dans le temps. A la fin, on était en manque de confiance total. Dans ma piaule, j'avais une caisse de grenades sous mon lit. On était bien conscients que la seule manière que les gars avaient de se dédouaner, c'était de se tirer de l'autre côté au dernier moment. A la fin, je n'étais plus sûr de ce qu'ils pouvaient faire. C'est vrai qu'ils pouvaient se tirer. Mais on n'a pas eu de désertion dans les derniers temps. »

Cri du cœur de Michel Petrone, chauffeur de la Légion :

« Vous savez ce que c'est un harki ? Un harki, c'était un gars d'en face qui était pris les armes à la main. Qui s'était rallié aux Français ! »

Jean Trouilloud avait également dans son cantonnement une section de harkis.

« Nous, on patrouillait le jour ; eux, ils patrouillaient la nuit. Quand ils faisaient des prisonniers, ils les amenaient au camp, bon, ils les passaient... »

Il se reprend :

« Ils les questionnaient durant trois, quatre jours. Nous n'assistions pas aux interrogatoires. De toute façon, cela se passait entre eux et... Et puis, bien sûr, souvent le matin, à l'aube, deux ou trois gars partaient faire ce qu'on appelait la corvée de bois. Alors ils allaient à cent cinquante mètres du camp et, tout d'un coup, on entendait une rafale, et c'était terminé. Voilà. Alors, après, quand l'indépendance approchait, ils ne brillaient pas, les harkis. Ils n'étaient plus en confiance ; ils avaient peur des autres Arabes. Le chef de la harka, il avait un surnom, il s'appelait Chacal. Eh bien, un soir, au cours d'une ronde, ils l'ont pris et on n'a jamais eu de ses nouvelles. Il a été exécuté, certainement. »

Séraphin Berthier :

« Les harkis, pourquoi ils étaient avec nous ? Quelques-uns pour du fric. Mais il y avait quand même pas mal d'anciens fells qu'on avait un peu obligés à venir avec nous. On leur avait bourré le crâne. On s'était engagés pour qu'ils viennent. Moi, je ne l'ai pas vécu, mais, pour transformer un ancien garde du corps d'Amirouche en un gars anti-FLN, il fallait le mouiller. Il fallait qu'il fasse un truc dégueulasse contre les fells pour qu'on soit sûrs de lui. Et ces types-là, on les a laissé tomber comme des chaussettes. C'est dégueulasse, ce qu'on a fait avec eux. »

Gilbert Gardien :

« On a pleuré au moment du départ, on s'est dit : on se reverra. On ne voulait pas croire... à l'abandon. »

Je le coupe :

« Vous vous en êtes voulu d'être parti à ce moment ? »

Plongé dans ses pensées, Gardien n'entend pas la question.

« Comment ?

– Vous en voulez d'être parti ?

– A ce moment-là, oui… oui… Je dois dire… Un déshonneur… Oui, un déshonneur. C'était une lâcheté. C'est un sentiment de lâcheté que j'ai ressenti, oui. »

A son retour en métropole, Gilbert Gardien se démène au prix de mille difficultés pour récupérer quelques-uns de ses harkis. Il en reverra deux. Il a gardé une photo où il se tient, casquette Bigeard vissée sur la tête, devant quelques-uns de ses hommes, dont plus de la moitié de harkis. L'un d'eux, au centre du cliché, est précisément un de ceux qui ont réussi à gagner la France.

Gilbert Gardien est aujourd'hui cadre administratif. Il habite dans le même immeuble que Serge Puygrenier, qui a laissé une jambe en Algérie. Parfois, le dimanche matin, ils se croisent, habillés en treillis militaire, la tenue pour aller marcher en montagne. Le jour où l'équipe du film était chez Puygrenier, Gardien est monté boire un verre.

Ils sont là côte à côte, l'ancien caporal-chef infirme et l'ancien lieutenant. Je les interroge :

« Il vous arrive de parler ensemble de vos guerres respectives ?

— On n'est jamais entrés dans le détail, commence Gardien. Non... on ne l'a jamais évoqué. C'est bizarre, d'ailleurs, maintenant que vous posez la question...

— Ouais, c'est bizarre, renchérit Puygrenier.

— Bon, il était en Algérie, j'étais en Algérie, je n'ai jamais fait état de mes campagnes et lui non plus.

— Ben moi non plus. J'ai été particulièrement touché alors j'ai évité d'en parler. »

Puygrenier débouche une bouteille de champagne. Gardien reprend :

« On évite d'en parler... On sait. Grand invalide de guerre, c'est marqué sur sa voiture. On oublie, c'est tout...

— Oui, oui, exactement. On oublie. »

Ils trinquent.

17

Adieu à l'Algérie

Ouverte officiellement le 7 mars, à l'hôtel du Parc d'Évian, la phase finale des négociations se termine huit jours plus tard ; et, le 18 mars à 20 heures, le général de Gaulle annonce la conclusion des accords d'Évian : le cessez-le-feu intervient le lendemain 19 à midi.

Séraphin Berthier est en Grande Kabylie.

« J'étais vachement frustré. Cela allait à l'encontre de ce que je pensais. Je me souviens bien de cette journée du 19 mars 1962. Je suis parti tout seul, la nuit même, en embuscade, pour une dernière embuscade, pas pour flinguer… C'était la dernière. On tournait la page. »

Je l'interromps :

« Vous auriez pu vous faire tuer la nuit du cessez-le-feu.

— J'avais vingt-deux ans. C'est un âge où on ne pense pas tellement à mourir. »

Pierre Achin, sur la frontière marocaine, a ressenti la même frustration.

« Quand j'ai eu les premiers échos du cessez-le-feu, je peux le dire sincèrement : je l'ai mal pris. Dans le bled, les villageois nous étaient attachés, on avait des harkis avec nous ; bon, on savait que les harkis, soit ils rentraient avec nous, soit ils étaient égorgés sur place. Humainement, nous étions attachés à cette ambiance du bled, à sa population. Je me sentais lésé. Le plan Challe avait produit ses effets, les fells étaient bloqués aux frontières ; sur le plan militaire, l'armée française avait gagné. Et c'est à ce moment-là que nous, petits lieutenants, nous apprenons que des accords ont été signés. Je l'ai très mal supporté. »

Gaëtan Esposito, dans son poste perdu au sud de la frontière marocaine, n'a même pas eu connaissance des accords d'Évian.

« Nous, nous l'avons appris longtemps après. Les informations n'arrivaient pas jusqu'à nous. On n'avait pas de radio, pas de journaux. On était dans le djebel. Personne ne nous a dit que la guerre était finie. Et on a continué de fonctionner comme des militaires. Les opérations ont continué. »

Cas extrême de négligence militaire ? Les combats cessent officiellement le 19 mars, mais les violences ne s'arrêtent pas pour autant. C'est pourquoi un certain nombre d'anciens d'Algérie refusent de prendre en considération la date du 19 mars. Au siège grenoblois de l'UNC, une plaque bleue commémorant le 19 mars 1962 est accrochée dans les toilettes. Jean Bollon, l'énergique lieutenant SAS, justifie ce choix insolite :

« Le 19 mars, c'est aux chiottes qu'on voit ça. Car le 19 mars n'est pas du tout l'arrêt des combats, mais leur redoublement. »

J'insiste :

« C'est pourtant la date du cessez-le-feu.

— Il paraît que c'est l'arrêt de la guerre d'Algérie. Moi, je dis que c'est le redoublement des combats. Le début d'une tuerie extraordinaire, aussi bien de nos amis français de souche que des Français musulmans. Et cela, on ne peut pas l'oublier. Donc, je suis contre le 19 mars et je le dis bien haut.

— C'est pour cela que vous mettez cette plaque à cet endroit ?

— Absolument. »

Hasard encore ? Le laboratoire de recherches industrielles où travaille aujourd'hui René Donazzolo est situé rue du 19-Mars 1962. Lui qui a eu si peur durant toute cette guerre revendique, comme les adhérents de la FNACA, la date du 19 mars.

« Pour moi et pour tous les Français, c'est l'arrêt des combats en Algérie. Après la fin de chaque guerre, il y a des morts, plusieurs mois, voire plusieurs années après. Il y a eu des morts après le 11 novembre 1918, après le 8 mai 1945. Il y a eu des morts après le 19 mars 1962. »

Je lui soumets l'objection de Bollon :

« Des soldats du contingent sont morts après.

— En effet, mais c'est la seule date officielle de la fin des combats. »

Entre mars et juillet 1962, entre le cessez-le-feu et l'indépendance, se déroule une période folle où les passions se déchaînent, où les camps se déchirent, où les morts s'accumulent. La date du 19 mars marque en Algérie le début de l'apocalypse. Raoul Salan, au nom de l'OAS, ordonne de « commencer immédiatement le harcèlement des villes contre les forces ennemies ». Les forces ennemies sont des soldats qui portent l'uniforme français. Les officiers sont sommés de se rallier à l'OAS, sinon ils seront traités comme des ennemis « au service d'un État étranger ». La fin de l'Algérie française est le moment le plus cruel, car la guerre d'Algérie apparaît vraiment pour ce qu'elle est : une double guerre civile. Les Algériens massacrent des Algériens. Des Français se tuent entre eux.

Ce spasme ultime, Séraphin Berthier l'a vécu à Alger, capitale de toutes les douleurs, de toutes les horreurs.

« Après le désarmement de la harka, j'ai été muté à Alger et j'ai reçu le commandement d'une section. Du jour au lendemain, on nous a balancés anti-OAS. On participait aux rafles d'Européens avec les CRS. On embarquait les gens dans un camp à vingt kilomètres d'Alger. Je ne pouvais pas, après avoir abandonné une harka, marcher là-dedans. Et puis il s'est produit un incident. Les gardes mobiles se sont fait tirer par l'OAS devant moi. J'étais avec un autre sous-lieutenant. Et nous, nous n'avons pas bougé. Nous n'avons pas été au secours des gardes mobiles. »

Stupéfait, je lui demande de préciser :

« Vous les avez vus se faire tirer dessus, et vous n'avez pas bougé !

– Tout à fait, tout à fait.

– Vous étiez plutôt du côté de l'OAS ?

– Ah oui, oui, tout à fait. De l'OAS... »

Il se reprend.

« Je veux dire. On venait de vivre l'abandon de la harka, c'était pas facile. je n'avais pas envie de participer... »

Pourtant, le 23 mars 1962, des commandos de l'OAS attaquent un camion militaire transportant des appelés : six jeunes du contingent sont massacrés parce qu'ils n'ont pas voulu donner leurs armes. Pour riposter, l'armée boucle Bab el-Oued. C'est le début d'une bataille féroce entre les militaires français et les tireurs de l'OAS. On compte des dizaines de morts. Pour tenter de briser le bouclage du quartier, l'OAS appelle à une manifestation, qui est interdite. Le 26 éclate la fusillade de la rue d'Isly. La foule désarmée est mitraillée. On relève 46 cadavres d'Européens.

Le sentiment ambivalent de Berthier à l'égard de l'OAS est, chez les officiers, loin d'être isolé. Jean

Bollon, qui avait fini son temps, approuve sans réserve l'action de l'OAS :

« C'était des gens d'honneur, des gens qui voulaient conserver l'honneur. »

Bollon parle avec une grande conviction. Son ton ne prête guère à équivoque. Mais je lui pose tout de même la question :

« Vous-même, vous auriez pu rejoindre l'OAS ?

– J'aurais pu le faire. Pour garder l'Algérie française. »

Les commandos de l'OAS tentent de provoquer la rupture définitive entre les communautés. La chasse aux musulmans est ouverte. Catégorie par catégorie, les tueurs visent les marchands, les femmes de ménage, les fleuristes. Les Algériens ne s'aventurent plus dans les quartiers européens. Les entreprises, privées de main-d'œuvre, ferment ; la poste, les transports fonctionnent avec difficulté.

Séraphin Berthier :

« Après l'incident avec les gendarmes mobiles, on m'a collé au 2e Bureau, au service de renseignement. Mon travail consistait à recueillir des renseignements sur l'implantation des fells à Alger. C'était une période floue, trouble. C'était absolument fou,

Alger. L'OAS avait une stratégie qui consistait à pousser au maximum les Arabes à descendre pour massacrer les Européens, de telle manière que l'armée soit obligée de basculer contre les Arabes pour casser le cessez-le-feu. Cette stratégie, je m'en suis rendu compte après. Les attentats, c'était dégueulasse. C'était des gamins de quinze ans qui tiraient les gars dans la rue. L'OAS avait bouclé les Arabes dans leur quartier et ils avaient fait des communiqués : interdiction aux fatmas qui étaient bonnes de descendre dans les quartiers européens, interdiction à tout Arabe. »

Berthier réfléchit un instant, perdu dans ses souvenirs.

« Il y a une scène que j'ai toujours en mémoire : un Arabe de cinquante, soixante ans qui était sorti pour trouver de la bouffe, il s'est fait flinguer par un gamin juste devant moi, à bout portant. La cervelle avait giclé sur le paquet de viande qu'il tenait à la main. Un car de gardes mobiles est arrivé en même temps que moi. On constate la mort, et un garde mobile me dit : " La viande, vous la prenez ou on la prend ? " L'OAS tirait ses dernières cartouches. Les commandos qui s'étaient mouillés n'avaient plus rien à perdre. »

Je le coupe :

« Vous les compreniez ?

— Pas du tout, non. Là, non. Je ne suivais plus.

— Vous avez suivi jusqu'où ?

— On suit jusqu'au moment où on est au fait du problème. Ils avaient bazardé un camion d'essence — je l'avais su par les renseignements — avec les freins bloqués contre un bidonville. Ils avaient posé des bombes au port. Ça bombait tous les jours. C'était fou, Alger. C'était dingue, dingue. »

A Alger, certains jours, on compte un attentat chaque quart d'heure. Le 2 mai, au port, une voiture piégée provoque la mort de 62 Algériens. Le FLN riposte, mitraille, enlève, torture et exécute. 2 000 Européens disparaissent pendant cette période. On ne les retrouvera jamais.

Séraphin Berthier :

« A l'époque, il y avait la force locale qui devait maintenir l'ordre dans Alger. Il fallait être fou pour avoir pensé à un truc comme ça. La force locale, c'était un mélange d'anciens harkis, de gars qui voulaient se dédouaner auprès du FLN, de gars de l'armée française. Le commandement était flou, mal défini. Des officiers français basculaient du côté FLN. J'étais témoin aussi des saloperies du FLN. Il y avait des disparitions d'Européens que j'ai vécues vraiment de près, au 2e Bureau. Je savais qu'ils se servaient des militaires français enlevés comme putains. C'était aussi dégueulasse d'un côté que de l'autre. Quand on voit un truc dégueulasse d'un côté, à vingt-trois ans, on réagit, et puis, dix minutes après, on voit un autre truc dégueulasse de l'autre côté. C'est pas simple. C'est facile de décanter dans un fauteuil ; c'est facile d'analyser cinq ans après. Mais quand tu es pris dans le coup… »

Lors du référendum du 8 avril 1962, les Français de métropole – ceux d'Algérie ne sont pas invités à voter – approuvent par 90 % des suffrages exprimés les accords d'Évian. En Algérie, les pieds-noirs choisissent la valise, malgré les ordres de l'OAS qui les menace du cercueil. L'exode commence, massif.

Séraphin Berthier :

« J'avais monté une section pour aider les rapatriés à déménager. Ils mettaient les bagages dans des containers, et on trempait les containers dans la mer avant de les foutre sur le bateau. Tu vois des types qui partent avec rien que tu aides. Tu vois des mères avec des gosses et une valise qui pleurent. Et, de l'autre côté, tu vois le pauvre Arabe qui est flingué parce qu'il veut nourrir sa famille. Qu'est-ce que tu veux que ça te fasse ? Tu changes de minute en minute, tu vis la merde. »

Le Dr François Sikirdji, quelque temps après le cessez-le-feu, quitte son camp de regroupement sur la frontière marocaine et rejoint un poste à Tlemcen, où il est chargé de l'assistance médicale gratuite. Il donne donc des soins à la population dans des dispensaires de quartier. L'OAS s'oppose à l'aide médicale, menace, organise des attentats contre les militaires en uniforme. Le colonel prévient Sikirdji que sa protection n'est plus assurée et lui demande de faire ses consultations en civil.

« Je me suis retrouvé, moi, pacifiste, dans cette situation contradictoire où j'ai refusé de me mettre en civil et où j'ai continué à porter mon uniforme et mon képi rouge pour exercer la médecine. Je n'ai jamais été inquiété par l'OAS, parce que j'étais en fait protégé par le FLN. Je l'ai su après. J'occupais un appartement en ville qui m'avait été cédé par des pieds-noirs. Ils préféraient que leurs appartements soient gardés par un officier. J'avais vu des scènes d'abandon horribles. En quelques jours, en quelques semaines, ils ont tout laissé. J'ai vu des quartiers entiers se vider. J'étais très troublé par cette situation. Donc, le matin mon ambulancier venait me chercher pour m'emmener effectuer ma tournée. Il était algérien et l'ambulance était civile. Un matin, je lui dis : " Cela fait trois jours que j'ai deux gars jour et nuit devant ma porte. " Il me répond : " Ne t'inquiète pas. Ils sont là pour te protéger. " Le FLN assurait ma protection pour que je continue, moi, d'assurer les soins dans le secteur. »

Trouble période où le FLN protège les officiers français contre l'OAS, où les militaires reçoivent des ordres étranges.

« Mes supérieurs m'avaient demandé de tout abandonner, de tout détruire. Je devais détruire mes fichiers médicaux : dans la pratique, cela revenait à créer de manière volontaire des épidémies de tuberculose, de maladies infectieuses. Je soignais des gens atteints de maladies chroniques et, si je ne transmettais pas leurs dossiers, cela risquait vraiment de propager une épidémie de primo-infections. Je laissais des centaines de tuberculeux qui, sans soins, devenaient contagieux. C'était une situation catastrophique. J'ai choisi de continuer à faire mon métier de médecin en opposition aux ordres des dirigeants de l'armée qui restaient dans leurs bureaux et n'assumaient rien. J'ai eu ainsi la confirmation que j'avais bien fait de venir en Algérie. »

Gaétan Esposito, dans son poste paumé, est également sur le départ. Il va pouvoir retrouver sa mère à Grenoble.

« J'ai vécu cette période où nous étions dans l'attente de la fin de la guerre. Pour nous, cela voulait dire la quille. Un jour, nous avons vu défiler au petit matin des gens qui regagnaient leurs villages. C'était l'armée de libération, l'ALN, qui passait en armes devant notre poste. Nous étions à l'intérieur, nous ne savions pas ce qui allait se passer. Puis nous avons reçu l'ordre de déposer les armes et de regagner Alger. A ce moment-là s'est posé le problème des Algériens qui étaient dans l'armée française, les “ Français de souche nord-africaine ”, comme on les appelait. On leur a demandé de choisir : soit de rester dans l'armée française, soit de rejoindre l'ALN. Presque tous ont quitté l'uniforme français et ont rejoint l'ALN du jour au lendemain. Pour nous, c'était grave, impossible à vivre. C'étaient des gusses comme nous, on avait tout fait avec eux, ils avaient partagé notre existence et, du jour au lendemain, ils passaient en face.

Avant de partir, on a reçu l'ordre de tout démolir, et on a démoli un maximum. Les convois se sont formés pour gagner Alger. Tout au long de cette route, nous avons été contrôlés par des militaires de l'ALN. J'ai vécu un épisode inouï. Lors d'un contrôle, j'ai eu en face de moi un de mes copains de caserne qui était dans les rangs de l'ALN, qui me menaçait avec une arme, qui nous fouillait, qui jouait le rôle d'un policier. Quarante-huit heures avant, il était chez nous. J'ai essayé de parler avec lui, mais j'avais un inconnu en face de moi. Un gars avec qui j'avais partagé mes colis. C'était un très bon copain. Eh bien, là, j'avais un étranger. J'ai pensé que, pendant tout ce temps, il m'avait trompé. C'était très pénible. »

A Tlemcen, le médecin lieutenant Sikirdji, quelques jours avant l'indépendance, peut enfin transmettre ses dossiers à un confrère algérien.

« Un jour, mon chauffeur m'a prévenu que le relais était établi avec l'ALN. La période était encore trouble, la sécurité non assurée, l'OAS active. Un matin, mon chauffeur m'a conduit dans un gros bourg qui se trouvait en bordure de la montagne ; la route pour y accéder était en lacet, je me souviens très très bien... C'est très émouvant... L'entrée dans le bourg se faisait par un grand boulevard bordé d'arbres avec des maisons blanches de part et d'autre. Quand on est arrivés, les rues étaient désertes, les volets clos, ce qui était insolite. Et presque à chaque arbre se tenait un homme en burnous me tournant le dos et le burnous rabattu sur la tête. Et ce burnous, je m'en suis aperçu, cachait une arme. C'étaient donc des soldats de l'ALN en armes. J'ai demandé à mon chauffeur ce qu'ils faisaient là. “ C'est pour toi ”, m'a-t-il répondu. L'ALN continuait de me couvrir. Ils regardaient vers les fenêtres comme on fait avec une personnalité, et la personnalité, c'était moi. Nous sommes arrivés et, sur le perron, m'attendaient des gars en tenue kaki : ce n'était pas seulement le médecin, mais l'état-major. Ils m'ont salué militairement et j'ai répondu, puisque j'étais en tenue. Je suis entré dans le dispensaire uniquement avec le médecin qui s'est présenté ; il avait fait ses études en France. Alors je lui ai transmis mes dossiers médicaux, cela a pris du temps, et il m'a remercié. La population a voulu m'offrir un cadeau pour mon départ. Ils ont voulu me donner la boîte de chirurgie portative du dispensaire, que j'ai refusée, pensant qu'ils avaient besoin de matériel. Le médecin m'a fait un clin d'œil et il m'a conduit à une infirmerie clandestine que l'on recherchait depuis longtemps. C'était dans une maison avec un mur mobile qui cachait une pièce transformée en pharmacie : du matériel médical, de la morphine chinoise, des produits du monde entier. Et puis je leur ai dit au revoir. J'ai serré la main au médecin et pas aux autres. L'ambulance m'a ramené et, c'est très pénible... Chaque fois que je raconte cette histoire, je n'arrive... je n'arrive pas à terminer. »

François Sikirdji, la voix brisée, s'interrompt. Il pleure. Quelques minutes plus tard, il reprend son récit.

« C'était très émouvant. Dans cette avenue que je reprenais pour partir, les soldats de l'ALN me faisaient face et... me présentaient les armes. Ils avaient rabattu le burnous, et comme ça sur cent cinquante mètres... »

Il s'interrompt à nouveau, incapable de proférer un mot. Puis, dans un sanglot :

« C'était... C'était... l'adieu à l'Algérie. »

A Alger, le 3 juillet, le lieutenant Séraphin Berthier, qui a cru jusqu'au bout à l'Algérie française, assiste à l'arrivée de l'ALN. Juchés sur des camions, Boumediene et Ben Bella défilent, acclamés par la foule dans un déploiement de drapeaux vert et blanc. L'Algérie est indépendante.

« J'étais un des rares Européens à assister à l'arrivée des troupes. La ville, c'était dément... J'étais gamin au moment de la libération de Paris, j'avais sept ans, mais je me souvenais bien de ces scènes de folie. Et là, c'était la même chose. Le youyou des femmes musulmanes, c'est quelque chose, ça fout tout le monde en transes. Dans ces moments, des gens veulent se dédouaner. Ceux qui n'ont pas pris parti, il faut bien qu'ils se raccrochent à l'Histoire, il faut qu'ils prennent parti au dernier moment, sinon ils vont être quoi ? Ils vont être de la merde à l'avenir.

Ce sont donc les plus violents, les plus virulents, ce sont eux qui vont commettre les exactions. Les fells étaient sûrement heureux, mais ce n'étaient pas eux qui étaient dans la rue. Moi, j'y étais allé en uniforme, dans la foule, avec mon chauffeur. Nous n'avons pas été molestés. On nous a regardés d'un drôle d'air. »

Le lieutenant Jacques Bec, qui, entre 1957 et 1959, a commandé une harka dans les Aurès, a retrouvé depuis longtemps le magasin de confection familial au moment de l'indépendance. Mais il partage le sentiment de Berthier :

« On a combattu pour rien, mais les combattants de l'ALN peuvent dire la même chose. Ceux qui ont vraiment fait la guerre contre nous, ils étaient en droit de se croire les libérateurs de l'Algérie. Ils se sont fait évincer une fois que cela a été fini. Nous sommes les uns et les autres les floués de l'Histoire. »

Le lieutenant Pierre Achin, resté sur la frontière marocaine, déjà réticent devant le cessez-le-feu, voit arriver, lui aussi, l'Armée de libération nationale.

« J'ai vu les premiers éléments de l'ALN en treillis. Mais ce qui a produit sur moi un effet terrible, c'est quand j'ai vu les drapeaux de l'ALN autour de nous. Là, ça fait drôle. J'ai vu des types risquer leur vie pour aller chercher un drapeau qui ne représentait rien, et l'un d'eux y est resté. J'avais trouvé ça ridicule. Et quand j'ai vu les fells débouler avec des jeeps et des drapeaux, alors là, vraiment, j'ai été choqué. »

A Alger, Berthier éprouve le même traumatisme. Presque trois décennies plus tard, il ne trouve pas ses mots pour exprimer l'émotion ressentie ce jour-là.

« C'est pas possible, ça. Tu... tu... Si tu prenais un gars six mois avant avec le drapeau, tu le flinguais ; et là, des drapeaux, il y en avait plein les rues... alors faut pas... faut quand même pas... Quel effet veux-tu que cela te fasse ? Tu... tu... tu te rends compte que tu as vécu un truc un peu inutile. »

Jean Bollon, lieutenant SAS :

« Les morts étaient peut-être inutiles, mais la guerre qu'on a faite, non, elle n'était pas inutile. On n'a pas seulement fait la guerre, on a construit des villages entiers, on a bâti des hôpitaux, on a apporté beaucoup de choses. Est-ce que c'est inutile, ça ? On était porteurs de civilisation, on l'a montré. Ça existe toujours, ça n'a pas été détruit. Peut-être que c'est mal utilisé... »

Gilbert Gardien, chef de harka :

« Ça n'a servi à rien. On peut regretter les morts... Mais le constat, c'est qu'on est restés pour rien... On s'est enrichis en souvenirs, des souvenirs heureux, des souvenirs tristes, mais en tant que bilan, non, cela n'a servi à rien. On dit qu'on fait l'Histoire. Mais non, elle s'est faite sans nous. »

Le Dr Sikirdji reprend le bateau à Oran.

« J'ai embarqué dans des conditions dramatiques. Les quais étaient pleins de monde, de gens couchés par terre, assis sur leurs valises. Les pieds-noirs étaient dans une détresse totale. C'étaient les premiers jours de juillet 1962, après l'indépendance. Nous, officiers, étions entourés par la police militaire pour nous protéger. Nous étions insultés par les pieds-noirs. Ils nous ont reproché d'utiliser des bateaux civils, alors que la marine nationale n'était pas requise. Ils sont restés très longtemps sur les quais. »

Jean Bollon :

« Les Français sont honteux, honteux de ce qui s'est passé, honteux de ce qu'ils ont pensé, honteux de ce qu'ils n'ont pas fait, comme souvent. En 1945, pas beaucoup de Français étaient fiers de ce qui s'était passé entre 40 et 45. Là, c'est un peu la même chose. Ils sont honteux, c'est pour ça qu'ils ne parlent pas de la guerre d'Algérie. »

Quelques semaines plus tard, après la fin de la guerre d'Algérie, Séraphin Berthier, démobilisé, retrouve Grenoble et reprend ses études de comptabilité.

« Je jouais au rugby, à l'époque, dans une équipe universitaire ; après le match, il y a la troisième mi-temps au bar. Pendant la période qui a suivi mon retour, quand j'avais un peu bu, je parlais kabyle. Au bar, j'ai donc parlé kabyle, et un gars s'est approché. On a parlé : il était sous-lieutenant fell de commando dans le secteur où j'étais. On s'est raconté nos embuscades mutuelles et on est partis chez moi. J'ai eu un accident de voiture en y allant, et le conducteur d'en face m'a agressé parce que j'étais, pour lui, avec un Arabe, alors que c'était un Kabyle. Je lui ai cassé la gueule pour défendre le Kabyle. Si on s'était rencontrés six mois plus tôt, le sous-lieutenant fell et moi, on ne se ratait pas. »

Et il ajoute, dans un soupir fataliste :

« On ne peut mieux illustrer la connerie de la guerre. »

18

Un autre dimanche à la campagne

Le car file à travers la campagne, blanche à cette heure matinale. Le soleil de décembre n'a pas encore dissipé les brumes qui couvrent les champs. Dans le véhicule, les passagers sont prostrés, figés. Ils ne parlent pas. Ils n'écoutent pas non plus la voix de l'animateur qui détaille le programme de la journée. Ils ne réagissent pas lorsqu'il annonce la présence d'une équipe de cinéastes. Tout à l'heure, dans la cour de l'hôpital psychiatrique, ils ont laissé couler sur nous un regard indifférent. Les médecins, le personnel d'encadrement nous ont autorisés à suivre la sortie des malades soignés dans cet établissement. Une fois l'an, en effet, la FNACA du département organise une promenade à l'extérieur. Tous les passagers du car sont des anciens d'Algérie. Tous sont en traitement à l'HP.

Au premier arrêt, on visite une fromagerie modèle. Le groupe d'une cinquantaine d'hommes descend dans les caves d'affinage. L'odeur âcre, doucereuse pique les narines. Le fermier fait un cours. Suivent-ils les explications ? Rien sur leurs visages marqués, aucune réaction dans les yeux qui regardent sans voir, pas un signe ne laisse deviner un intérêt quelconque pour l'art et la manière de mouler la pâte.

Dans la cour, un des responsables de l'opération relate comment l'idée est venue de sortir les anciens camarades de leur univers habituel :

« Autrefois, on leur distribuait des colis à Noël, mais on avait vraiment l'impression de leur lancer des cacahuètes. J'ai décidé voici quinze ans, en accord avec les médecins, de les faire sortir. On a commencé par une demi-journée, maintenant on sort la journée. Ils retrouvent là un peu de chaleur humaine. L'encadrement est entièrement assuré par les anciens d'Algérie. Certains malades, suivant leur état de santé, sortent quelquefois, mais plusieurs d'entre eux sont là depuis leur retour d'Algérie. »

Les hommes remontent dans les autocars, s'assoient en silence. Ils ne parlent toujours pas. A mon voisin j'arrache quelques mots : « ... vingt-sept mois... chasseurs alpins... Palestro. » Il retombe vite dans le mutisme. Je n'insiste pas. La virée se poursuit par la visite d'une ferme d'élevage. Le fermier montre son exploitation, détaille les secrets de la nourriture des veaux. La troupe suit. Les hommes semblent absorbés. Où sont leurs pensées tandis qu'ils défilent devant les étables ? Les visages semblent aspirés vers un abîme interne, opaque pour l'observateur extérieur. Les yeux pourtant, par leur fixité, trahissent un mal-être poignant. Faut-il filmer ces fantômes du passé ? Doit-on les interroger ? Peuvent-ils parler des obsessions qui minent leur existence ?

Un des accompagnateurs m'attire à l'écart du groupe. Avec sa casquette et sa fine moustache, il a la dégaine d'un titi parisien, mais l'histoire qu'il veut raconter n'a rien de comique. C'est un ancien d'Algérie :

« Je suis rentré en 1960 et j'ai repris mon travail dans la foulée. Là, j'ai rencontré un gars qui revenait aussi de là-bas. On est devenus amis, j'ai fait la connaissance de sa femme. Et un jour, au bout de six mois, elle me prend à part et me demande : “ Est-ce que cela vous arrive aussi à vous ? – Quoi donc ? – Mon mari se réveille en sursaut la nuit. Il fait des bonds dans le lit. ” Quelques jours après, je discute avec mon ami, je lui demande ce qui ne va pas, de quoi il a peur. Et lui, il me répond : “ Depuis que je suis monté là-haut sur cette colline, je revois toujours ces gars, ça m'obsède. ” Je lui dit : “ Explique-moi, raconte-moi cette histoire. ” Et il me raconte. C'était à la frontière marocaine, une katiba du FLN tenait un piton, la Légion était montée à l'assaut, les paras aussi, mais ils n'avaient pas pu la déloger. Alors on a fait appel à l'unité de mon ami. C'était une unité spéciale. Elle est venue avec un canon de 155 et ils ont envoyé trois obus. Ils ont attendu quarante-huit heures, et puis ils sont montés au résultat sur le piton. Tous les Algériens étaient morts. Ils étaient dans la position où la mort les avaient saisis. Certains étaient en train de pisser. Selon mon ami, c'était des obus de gaz. Et lui revoyait toujours ces 100 ou 150 cadavres figés dans les postures les plus diverses. Il a été hospitalisé au Val-de-Grâce pendant six mois, il est revenu travailler six mois et puis il a disparu. Il a été interné en maison psychiatrique. Je ne l'ai jamais revu… »

Le titi parisien n'arrive plus à parler. Il essuie une larme au coin de l'œil et s'éloigne.

Combien sont-ils à ne s'être jamais remis, à traîner des traumatismes enfouis, des cauchemars indicibles, des séquelles inguérissables ? Et ceux qui souffrent jour et nuit depuis trente ans ? Comme l'armée, les statistiques officielles sont muettes. Les pouvoirs publics refusent de citer des chiffres. Existe-t-il même un recensement centralisé de tous les troubles psychiques consécutifs à la guerre d'Algérie ? Ce chiffre aurait-il une quelconque validité ? L'armée, en effet, a établi des critères draconiens pour reconnaître les maladies. Le délai de « présomption d'origine » n'est que de trente jours. C'est-à-dire qu'un soldat démobilisé a un mois pour déclarer son invalidité. S'il est blessé à la jambe, comme Puygrenier, il n'a aucune difficulté à établir sa demande de pension. Mais, pour les maladies d'origine psychique – qui se révèlent des mois ou des années plus tard –, ce délai est ridicule. Depuis plusieurs années, une commission, mise en place par le secrétariat d'État aux Anciens Combattants, se penche sur cette question, mais les travaux piétinent. Et les intéressés disparaissent peu à peu.

Les médecins psychiatres qui ont eu à traiter les anciens combattants identifient clairement ce qu'ils appellent le « stress de guerre » Aux États-Unis, les études épidémiologiques portant sur les anciens du Vietnam ont permis de caractériser ces névroses de guerre. Elles montrent que près d'un GI sur deux a éprouvé, à son retour, des malaises psychiques plus ou moins graves. En France, devant l'absence de données officielles, on doit se contenter d'estimations. On peut évaluer à plusieurs milliers (1 000 ? 5 000 ? 10 000 ?) le nombre d'anciens d'Algérie atteints de troubles psychiatriques graves.

Malgré le soleil, le froid mord les joues. Dans la cour de la ferme, les visiteurs d'un jour battent la semelle en écoutant le propriétaire des lieux qui s'est lancé dans un historique de son établissement. Les bâtiments datent du XVIIIe siècle...

L'un des hommes se détache du groupe et s'approche de notre équipe. Il engage la conversation et devient d'un coup prolixe lorsqu'il apprend que Tavernier a réalisé un film, *Autour de minuit*, sur le milieu du jazz. Il a été pianiste autrefois, avant la guerre d'Algérie. Pianiste de jazz.

« J'ai appris tout seul, en tripotant le piano. A la Libération, j'avais sept ans, les Américains nous ont apporté les disques de jazz, les 78 tours... Je jouais tous les soirs... A Paris, j'ai fait un bœuf. »

Tavernier et lui, en spécialistes, échangent leurs

appréciations sur les mérites comparés d'Oscar Peterson, de Thelonious Monk ou de Keith Jarrett. L'homme s'est animé, ses yeux brillent. Puis le masque retombe.

« Ils n'ont pas voulu me mettre dans la musique. Je me suis retrouvé au 2e Bureau. Ils m'ont mis de force. Moi, je tapais à la machine les rapports du commandant, les interrogatoires. Après, on allait en opération sur renseignements. C'était toujours sur renseignements... Les prisonniers, je les voyais arriver par dizaines... puis les corvées de bois. Il y avait les corvées de bois. Les exécutions... Fallait les escorter. Je ne voulais pas assister aux interrogatoires, cela me faisait vomir. Vous savez bien ce que c'est. La gégène... Oh, je ne veux pas en parler de ces trucs-là. Je ne veux pas trop en parler... »

D'un geste de la main, il fait signe que cela suffit. Il s'écarte.

Plus tard, à la fin du repas, le pianiste joue pour ses camarades de malheur. Dès les premières notes, les fourchettes ont suspendu leur ballet, les rares conversations se sont interrompues ; et, pour la première fois de la journée peut-être, il passe dans les regards autre chose qu'une infinie tristesse.

Le responsable départemental de la FNACA

interrompt le récital afin de remettre des décorations. Il appelle les noms de deux hommes, qui se lèvent et viennent se figer dans un garde-à-vous approximatif. « Au nom du secrétaire d'État aux Anciens Combattants, j'ai l'immense plaisir de te remettre la croix du combattant… » Le spectacle de ces deux silhouettes mal fagotées, gauches dans leur simulacre de salut, est pathétique. Cette remise de médaille, elle, est une comédie. Il a fallu trente ans pour que l'État reconnaisse que ces hommes, dont la vie a été brisée par la guerre d'Algérie, ont été des combattants…

Là-bas, les mains du pianiste recommencent à courir sur le clavier.

Liste des témoins
(par ordre alphabétique)

Pierre Achin : sous-lieutenant, 31e bataillon du génie, frontière marocaine, 1961-1952.

Grégoire Alonso : 1re classe, 9e régiment de chasseurs parachutistes, 1957-1959.

Robert André : sous-lieutenant, 18e régiment de chasseurs parachutistes, 1957-1959.

Gilbert Argelès : 2e classe, 6e bataillon de chasseurs alpins, Kabylie, 1959-1961.

Jacques Bec : sous-lieutenant, commando de chasse, 8e bataillon de chasseurs parachutistes, Aurès, 1958-1959.

Séraphin Berthier, aspirant, chef de harka, Kabylie, Alger, 1961-1962.

Alain Bœuf : 2e classe, 18e régiment de dragons, 1959-1961.

Jean Bollon : sous-lieutenant, sections administratives spécialisées, Kabylie, 1959-1960.

Étienne Boulanger : 2e classe, deux ans de prison pour refus d'obéissance, Constantinois, 1957-1961.

César Delbello : caporal-chef, 1er régiment de chasseurs parachutistes, 1959-1961.

Raymond Didier : sergent, 6e bataillon de chasseurs alpins, Kabylie, 1957-1959.

René Donazzolo : sergent, 60e régiment d'infanterie, 1956-1958.

Michel Drevet : sergent, 4e génie, frontière tunisienne, 1958-1960.

Bruno Enrietti : 2e classe, 121e régiment d'infanterie, Kabylie, 1957-1958.

Gaétan Esposito : caporal-chef, Sud algérien, 1961-1962.

Gilbert Gardien : sous-lieutenant, chef de harka, 22e régiment d'infanterie de marine, Kabylie, 1961-1962.

Ezio Goy : 2e classe, 67e régiment d'artillerie, rappelé en 1956.

Bernard Loiseau : aspirant, 52e génie, 1957-1959.

Jean Manin : 1re classe, 121e régiment d'infanterie, Aurès, rappelé en 1956.

Bernard Mol-Roguier : sergent, 6e bataillon de chasseurs alpins, Kabylie, 1957-1959.

René Perrin : 2e classe, 6e bataillon de chasseurs alpins, Kabylie, 1957-1959.

Pierre Pessenti : 2e classe, 4e régiment d'artillerie, Aurès, 1954-1956.

Michel Petrone : 1re classe, chauffeur, 1958-1960.

Camille Pivano : sergent, 19e génie, Alger, 1956-1957.

Serge Puygrenier, 2e classe, 121e régiment d'infanterie, Kabylie, 1956-1958.

François Sikirdji : sous-lieutenant, médecin, frontière marocaine, 1961-1962.

Noël Trouilloud, 2e classe, 22e régiment d'infanterie, rappelé en 1956.

Jean Trouilloud, 2e classe, 1960-1962.

Robert Zanoni : caporal-chef, 6e bataillon de chasseurs alpins, Kabylie, 1957-1959.

Table

TRANSCODAGE : IMPRIMERIE BUSSIÈRE À SAINT-AMAND.
IMPRESSION : S.E.P.C. À SAINT-AMAND.
DÉPÔT LÉGAL : FÉVRIER 1992. N° 14620 (3490-2793)

